나의 발을 사슴과 같게 하사

Hinds' Feet on High Places

By Hannah Hurnard

나의 발을 사슴과 같게 하사

지은이 | 한나 허나드
옮긴이 | 김주성
초판 발행 | 2000. 9. 6
개정 17쇄 발행 | 2023. 12. 21.

등록번호 | 제3-203호
등록된 곳 | 서울시 용산구 서빙고동 95번지
발행처 | 사단법인 두란노서원
영업부 | 2078-3333 FAX | 080-749-3705
출판부 | 2078-3444

책값은 뒤표지에 있습니다.
ISBN 978-89-531-1606-1 03230

독자의 의견을 기다립니다.
tpress@duranno.com http://www.duranno.com

두란노서원은 바울 사도가 3차 전도 여행 때 에베소에서 성령 받은 제자들을 따로 세워 하나님의 말씀으로 양육하던 장소입니다. 사도행전 19장 8-20절의 정신에 따라 첫째 목회자를 돕는 사역과 평신도를 훈련시키는 사역, 둘째 세계선교(TIM)와 문서선교(단행본·잡지) 사역, 셋째 예수문화 및 경배와 찬양 사역, 그리고 가정·상담 사역 등을 감당하고 있습니다. 1980년 12월 22일에 창립된 두란노서원은 주님 오실 때까지 이 사역들을 계속할 것입니다.

나의 발을 사슴과 같게 하사

한나 허나드 지음 | 김주성 옮김

두란노

차 례

Hinds' Feet on High Places

알레고리의 시작

어느 날 아침, 팔레스타인에 있는 우리 선교관에서 매일의 일과대로 성경 읽기를 하고 있을 때, 한 젊은 아랍인 간호사가 *Daily Light*(매일의 빛)에서 아가서를 인용한 부분을 읽었다.

"나의 사랑하는 자의 목소리로구나 보라 그가 산에서 달리고 작은 산을 빨리 넘어 오는구나"(아 2:8).

그 구절이 무슨 뜻이냐고 묻자, 그녀는 잘 알고 있다는 듯 즐거운 미소를 지으며 고개를 들고 말했다.

"우리 구세주의 사랑으로 극복하지 못할 장애물은 없고, 그분 앞에서는 산더미 같은 어려움도 아스팔트 포장 도로를 걷는 것처럼 쉬워진다는 의미죠."

그리심 산 기슭에 있는 선교관 뒤뜰에서, 우리는 가젤들이 유난히 우아하고 민첩하게 산비탈을 껑충껑충 뛰어가며 이 바위에서 저 바위로 올라가는 것을 종종 볼 수 있었다. 그 가젤들의 동작은 지금까지 내가 본 것 중 가장 즐겁고도 쉽게 장애물을 극복하는 본보기가 되었다.

사랑의 주님을 사랑하고 그분을 따르기 원하는 우리는 삶의 모든 어려움과 시험과 갈등을 가젤처럼 기쁘고 넉넉하게 이기며 극복할 수 있는 능력을 얼마나 마음 깊이 갈구하는가! 승리하는 삶의 비결을 배우려는 것은 주님을 사랑하는 모든 시대 사람들의 마음에 있는 갈망이다.

만일 우리가 이 지상의 삶을 살아가는 동안 사랑과 승리를 누리는 높은 곳의 삶을 실제적으로 체험할 수만 있다면, 즉 죄악과 환난과 슬픔과 고통 등의 모든 잘못된 것들에 사랑과 승리로 반응하여 그것들을 다 극복하고 영원히 하나님께 찬양과 영광이 되도록 그것들을 바꿀 수만 있다면, 우리는 어떤 대가라도 지불하고 싶어할 것이다. 그리스도인인 우리가 최소한 이론적으로나마 아는 것은, 하나님 자녀의 삶에는 이차적인 목적이 존재하지 않는다는 것이다. 가장 부당하고 지독하게 보이는 일과 무의미하고 무가치하게 보이는 고통이라도, 그것은 우리가 그것에 대해 우리 구세주께서 우리 안에 조금씩 그분의 아름다운 성품을 이루어 가시도록 반응할 수 있는 영광스러운 기회를 하나님께서 우리에게 허락하신 것이다.

아가서에는 모든 인간의 마음속에 심겨진 갈망이 표현되는데, 그 갈망은 하나님 그분과 다시 연합하며, 그분과 완전하고 손상되지 않은 연합을 체험하려는 것이다. 하나님께서는 그분 자신을 위해 우리를 만드셨기 때문에 우리가 하나님 안에서 그 연합을 체험하기 전까지는 우리의 마음에 안식이나 완전한 만족이 있을 수 없다.

어떤 하나님의 자녀들에 대한 그분의 뜻은 결혼 생활 가운데 자연스러운 인간의 사랑을 활짝 꽃피움으로써 강한 연합을 체험하는 것이다. 반면, 또 다른 이들에 대한 하나님의 뜻은 결혼하고 부모가 되고 싶어하는 자연스럽고 본능적인 갈망을 포기하고 그것을 경험할 수 없는 환경을 받아들임으로써, 결혼하는 경우와 마찬가지의 완전한 연합을 경험하는 것이다. 인간의 마음에 너무나도 확고하게 심겨진 사랑에 대한 갈망은, 우리가 다른 무엇보다도 하나님을 갈망하고 사랑하게 될 수 있는 최상의 방법이다.

그러나 단지 자아가 죄에 대해 죽었다고 머리로 인식하거나, 나의 고집을 십자가에 못박는 방법이나 훈련을 고안해 내는 것으로는 높은 곳에 이르러 승리하며 그리스도와의 연합을 누릴 수 없다. 그 유일한 방법은 매일의 삶에서 하나님께서 허락하신 구체적인 상황과 시련들을 받아들이고, 하나님께서 우리와 함께 살고 일하게 하신 사람들이나 우리에게 일어나는 일 등에 대해서 우리의 뜻을 내려놓고 하나님의 뜻을 계속해서 받아들이는 것이다. 하나님의 뜻을 받아들일 때마다, 그것은 우리가 하나님께 제사 드리는 제단이 되고, 그분의 뜻에 따라 우리 자신을 포기하고 맡길 때마다, 그것은 우리가 높은 곳에 더 가까이 가는 방법이 된다. 하나님께서는 그분의 모든 자녀들이 이 지상에서 살아 있는 동안에 그들을 높은 곳으로 데려가고 싶어하신다.

좋지 않은 일을 인정하고 승리하는 것, 슬픔과 고통에 익숙해져서 마침내 그것을 말할 수 없이 귀한 것으로 변화시키는 것, 항상 기꺼이 주님의 뜻을 따르면서 사랑의 주님을 새롭게 알고 그분과 흠 없는 연합을 경험하는 것, 이런 것들이 이 책에 묘사된 알레고리의 교훈들이다. '높은 곳'과 '사슴의 발'은 사후의 천국을 가리키는 것이 아니라, 하나님의 자녀들이 지금 여기에서 누릴 영광스러운 체험을 의미한다. 만일 하나님의 자녀들이 하나님께서 그들에게 바라시는 길을 걷는다면 그것을 체험하게 될 것이다.

아마도 하나님께서는 이 책을 사용하셔서 그 사랑하시는 자들 중에서, 슬픔과 고통을 벗해야만 하는 상황에 처해 있거나, 흑암 가운데서 빛도 없이 걸으며 폭풍 가운데 요동하고 있지만 아무 위로도 받지 못한다고 느끼는 사람들을 위로하실 것이다. 또한 이 책은 그들에게 일어나고 있는 일들의 새로운 의미를 이해하는 데 도움을 줄 수 있을 것이다. 그들이 겪는 경험은 모두 주님께서 그들의 삶 속에 다윗과 하박국이 기쁨에 넘쳐 "주 여호와는 나의 발을 사슴과 같게 하사 나로 나의 높은 곳에 다니게 하시리로다"(시 18:33, 합 3:19)라고 외치게 했던 바로 그와 같은 경험을 실현시켜 주고 계신 경이로운 과정의 일부이기 때문이다.

여성이 쓴 천로역정

이 책은 여성이 쓴 천로역정이다. 우리는 모두 이 책의 주인공 '겁쟁이' 와 같이 다리가 휘어져 혼자서 걸을 수가 없다. 혼자 힘으로는 도저히 저 높은 곳에 올라갈 수 없는 겁쟁이가 목자의 손에 이끌리어 가까스로 길을 떠나게 된다. 그러나 이 겁쟁이에게 줄곧 비겁쟁이, 쓴뿌리, 교만, 자기연민이라는 대적들이 따라와 그의 길을 가로막는다. 끊임없이 그를 조롱하며 비웃으며 추격한다.

이 모든 것을 다 알고도 겁쟁이를 초청한 목자는 그에게 길동무 두 사람을 붙여 주시며 당부한다.

"이들의 손을 놓아 버리면 너는 도저히 저 높은 곳에 올라갈 수 없으니 그들의 손을 꼭 붙들어야 한다. 그들이 네 연약한 다리를 날쌔고 단단하게 해줄 거야!"

겁쟁이는 처음엔 '고통'과 '슬픔'이라는 그 친구들을 몸서리치며 싫어했다. 그러나 그들의 손을 놓자, 겁쟁이는 힘없이 넘어지고 만다. 할 수 없이 그들의 손을 붙잡지 않을 수 없는 겁쟁이! 어느덧 그들과 친해지기 시작한다.

이 비유는 마치 우리의 신앙 여정을 묘사하는 그림과 같다. 인생 노정에서 우리의 연약한 다리를 튼튼하게 할 슬픔과 고통들을 우리는 두려워하며 싫어한다. 그러나 마침내 그 고통이 보석 같은 흔적들로 변하는 것을 보게 된다.

내가 이 책을 처음 접한 것은 이 년 전 미국을 방문했을 때이다. 오하이오 주 클리블랜드에 사는 오랜 친구 손영헌 집사가 선물로 주었던 것이다. 언젠가는 읽으리라고 두었던 그 책이, 그로부터 두 달 후 어느 교회에서 "하나님의 대학 세우기"라는 제목으로 '한동대를 친히 이끄시는 살아 계신 예수 그리스도'에 대한 간증을 준비하면서 나의 관심을 사로잡게 되었다. 많은 고난과 핍박 가운데 어렵게 대학을 이끌어 나가고 있던 때에, 간증을 위해 본문으로 정한 시편 말씀 중 한 구절이 "나의 발로 암사슴 발 같게 하시며 나를 나의 높은 곳에 세우시며"(시 8:33)였다. 그 '높은 곳'이란 지금 나에게 무엇을 의미하는가 골똘히 묵상하던 중, 갑자기 내 시선이 책상 위에 놓여 있던 책, 표지에 한 마리 사슴이 절벽 위에 서 있는 모습이 그려진 한 권의 책에 머물렀다. 바로 두 달 전, 손 집사가 자신이 몇 차례나 읽고 또한 많은 사람에게 읽히기를 바라서 틈틈이 번역까지 하고 있다면서 나에게 준 그 책이었다. 언젠가 틈이 나면 읽어 보리라고 생각했던 그 책이 하필 그 순간 나의 시선을 사로잡았던 것이다.

1부 '밤에는 울음이 기숙할지라도', 2부 '아침에는 기쁨이 오리로다' 등 우선 한눈에 본 목차만으로도 그 책의 메시지를 대충 읽을 수 있었다. 마침 아들 호민이도 몇 년 전 자신이 대학을 다닐 때 이 책을 읽었는데, 그 후 며칠 밤을 지새는 감동을 그 책에서 받았노라고 했다. 그날 우리 모자는 이 책에 기록된 우리 그리스도인의 고통과 슬픔에 대해 새로운 조명을 하며 많은 이야기를 나누었고 그 기쁨과 흥분을 주체할 수가 없었다.

하나님께서 우리로 왜 슬픔, 고난, 혼돈, 핍박, 연약함, 무기력의 인생 길을 통과하게 하시는지 그 뜻을 분명히 알게 되었다. 지금 내가 향하고 있는 길에 대한 방향 감각도 분명해졌다. 또한 이 책의 줄거리와 방향을 함께 한 나의 간증 후에 수많은 사람들이 눈물을 흘리며 내게로 와 목자장 되시는 예수 그리스도를 다시 선명히 보게 되었노라는 고백들을 했다.

그 후 나는 만나는 사람마다 이 책을 읽도록 권하기 시작했다. 또한 우리 말로 번역되기를 고대해 왔다. 그러던 중 이 책이 우리 나라에서 출간된다고, 이 책을 몹시도 사랑하는 나에게 추천의 글을 부탁하니 이 또한 무슨 은혜인지 모르겠다.

나는 이 책을 인생 광야 길을 걸어가는 모든 신앙의 나그네에게 권하고 싶다. 좌절과 궁핍, 외로움과 슬픔으로 눈물의 밤을 지새웠던 내게 큰 힘과 위로가 되었던 이 책을 여러분에게 권하고 싶다. 성령님께서 이 책을 통해서 동일한 감동과 위로를 베푸시며 또 여러분들로 기쁨의 아침을 맞이하게 하실 것을 믿는다. 그리고 우리가 주님 앞에 서는 날, 슬픔이 기쁨으로, 고통은 평화로, '겁쟁이'인 우리의 이름이 은혜와 영광이라는 이름으로 바뀔 것을 나는 믿는다!

김영애 권사

* 김영애 권사는 남편 한동 대학 김영길 총장과 함께 한동 대학 후원회를 섬기고 있다.

등장인물

겁쟁이(Much-Afraid)

고통(Suffering)

교만(Pride)

기쁨(Joy)

늙은 두려움 경(old Lord Fearing)

두려움 일가(The Family Fearings)

목자(Shepherd) / 목자장(Chief Shepherd)

불길한 예감(Mrs. Aunt Dismal Foreboding)

비겁쟁이 두려움(Craven Fear)

사랑의 왕(Prince of Love)

소심쟁이(Coward)

슬픔(Sorrow)

숨어사는 겁보(Timid-Skulking)

심통(Spiteful)

쓴뿌리(Bitterness)

용감무쌍 부인(Mrs. Valiant)

우울(Gloomy)

원망(Resentment)

은혜와 영광(Grace and Glory)

자기연민(Self-Pity)

자비(Mercy)

평화(Peace)

주요 지명

높은 곳(High Place)

사랑의 왕국(Kingdom of Love)

떨림(마을)(Much-Trembling)

외로움의 해변(Shores of Loneliness)

위험과 환란의 숲(Forests of Danger and Tribulation)

오래된 방파제(Old Sea Wall)

상처의 절벽(Precipice Injury)

상처산(Moutain Injury)

상실의 골짜기(Valley of Loss)

수치의 골짜기(Valley of Humiliation)

사랑의 오르막길(Ascent of Love)

외로움의 큰 바닷가(great sea of Loneliness)

1

"저녁에는 울음이 기숙할지라도"

(시 30:5)

1

높은 곳으로의 초대

이 이야기는 겁쟁이가 어떻게 두려움 일가(一家)를 벗어나 목자와 함께 "온전한 사랑이 두려움을 내어쫓는" 높은 곳으로 갈 수 있었는지에 대한 것이다.

여러 해 동안 겁쟁이는 수치의 골짜기에서 수많은 양 떼를 치는 목자장을 위해서 일해 왔다. 겁쟁이는 친구이자 동료인 자비와 평화와 함께, 떨림이라는 마을에 있는 작고 조용한 하얀 집에서 살고 있었다. 그녀는 자신의 일을 좋아했고 목자장을 기쁘게 하기를 간절히 원했다. 그러나, 그녀는 대체로 행복했지만, 자신의 일에 방해가 되는 몇 가지 결점 때문에 혼자 몰래 고민하며 부끄러워했다.

무엇보다도 먼저 그녀는 절름발이였는데, 발이 너무 굽어 있어서 일을 다닐 때 자주 절뚝거리고 비틀거렸다. 또한 입이 흉하게 비뚤어져 있어서 표정이 보기 싫고 말하는 것도 이상하다는 점이 또 다른 흠이었다. 애처롭게도, 겁쟁이는 자기가 위대한 목자를 섬긴다는 것을 아는 많은 이들이 자기의 추한 결점 때문에 놀라고 불쾌해 한다는 것을 의식하고 있었다.

그녀는 그러한 결점에서 벗어나서 목자장을 섬기는 다른 일꾼들처럼, 특히 누구보다도 목자장 그분처럼 아름답고 우아하고 강해지기를 진심으로 간절히 바라고 있었다. 그러나 그 두 가지 추한 결점에서 벗어나지 못하고 그로 인해 계속 일에 지장이 있지는 않을까 걱정하였다.

그러나 이것말고도 그녀에게는 더 큰 문제가 있었다. 그녀는 두려움 일가에 속해 있었고, 친척들이 골짜기 곳곳에 살고 있었기 때문에 결코 그들에게서 벗어날 수 없었던 것이다. 고아인 그녀는 숙모인 불길한 예감 부인 집에서 사촌인 우울과 심통, 그리고 비겁쟁이와 함께 자라 왔는데, 비겁쟁이는 그녀를 상습적으로 정말 끔찍하게 괴롭히고 못살게 구는 엄청난 불량배였다.

수치의 골짜기에 살고 있는 대부분의 다른 일가들처럼, 두려움 일가는 모두 목자장을 미워했고, 그를 섬기는 종들을 배척했다. 그러니까 자기 일가 중 한 명이 목자장을 섬긴다는 사실을 기분 나빠하는 것은 당연했다. 그들은 겁쟁이가 목자장을 섬기지 못하게 하려고 갖은 위협과 회유를 일

삼았다.

그러던 어느 끔찍한 날, 그들은 겁쟁이가 사촌인 비겁쟁이와 결혼하여 두려움 일가의 일원답게 자리잡고 살아야 한다고 가족의 권위로 선언해 버렸다. 만일 그녀가 거부하면 강제로라도 결혼을 추진하겠다고 위협했다.

불쌍한 겁쟁이는 이를 생각만 해도 공포에 사로잡혔지만, 늘 일가친척들이 무서웠기 때문에 결코 그들의 위협에 반항하거나 그들의 말을 무시하지 못했다. 그저 겁에 질려 그들 앞에 앉아서는, '절대로 비겁쟁이와 결혼하지 않겠다'고 되뇌면서도 친척들의 손아귀에서 벗어나지 못하고 있었다.

그래서 그들과의 끔찍한 이야기는 오랫동안 계속되었다. 마침내 그들이 잠시 동안 겁쟁이를 홀로 남겨 두었을 때는 이미 초저녁이었다. 잠시나마 안도감에 젖어 든 겁쟁이는 평소처럼 목자가 지금쯤 양 떼를 이끌고 물을 먹이러 마을 끝에 있는 아름다운 작은 폭포와 웅덩이로 갈 것이라 생각했다. 겁쟁이는 매일 아침 일찍 그 곳에서 목자를 만나 그 날에 해야 할 일을 듣고, 또 저녁마다 그 곳에서 그 날의 일과를 보고하곤 했다. 지금이 바로 웅덩이 가에서 목자를 만날 시간이었다. 그녀는 친척들에게 납치되어 목자를 섬기지 못하게 되거나 비겁쟁이와 결혼하여 끔찍한 속박을 당하지 않도록 목자가 도와 주리라는 것을 확신하고 있었다.

여전히 두려움에 떨면서 쉴 새 없이 눈물을 닦으며 겁쟁이는 작은 폭포와 웅덩이를 향해 집을 나섰다.

동네를 벗어나 들판을 가로질러 갈 때에 고요한 저녁 햇살이 타오르는 듯한 황금빛 석양으로 수치의 골짜기를 가득 채우고 있었다. 강 건너 골짜기 동쪽에 성벽처럼 높이 솟은 산들은 이미 엷은 분홍빛으로 물들어 있었고, 깊은 골짜기들은 아름답고 신비한 그늘에 덮여 있었다.

고요하고 평온한 이 저녁, 겁에 질린 불쌍한 겁쟁이는 목자가 기다리고 있는 웅덩이로 가서 두려움에 떨며 하소연했다.

"어떡하죠?"

그간의 이야기를 마친 그녀는 울부짖었다.

"어떻게 해야 벗어날 수 있을까요? 아무리 강요해도 사촌 비겁쟁이와 결혼할 수 없어요. 아!"

그것을 다시 생각하기만 해도 숨이 막힌 그녀가 울부짖었다.

"겁쟁이인 것만으로도 끔찍한데, 비겁쟁이의 아내가 되어 평생 동안 그 고통에서 절대로 벗어나지 못한다는 것은 도저히 견딜 수 없는 일이에요."

목자는 부드럽게 말했다.

"두려워 말아라. 너는 나를 섬기고 있으니 네가 나를 신뢰하기만 한다면, 그들은 강제로 너를 결혼시키지 못한다. 그리고 너는 일가 친척들이 네 집에 절대로 들어오지 못하게 해야 해. 그들은 너를 일꾼으로 삼아 일하게 해 준 왕의 원수들이기 때문이란다."

"물론 저도 알고 있어요. 아, 하지만 친척들을 만나기만 하면 저는 힘이 다 빠져 버리고 아무리 애써도 저항할 수가 없는걸요. 이 골짜기에 사는 한 그들을 만나지 않을 수가 없어요. 어딜 가나 그들이 있고, 나를 강제로 결혼시키려고 작정하고 있기 때문에 납치당할까 봐 겁나서 혼자 집 밖에도 못 나가겠어요."

겁쟁이는 고개를 들어 골짜기와 강과 석양에 물든 아름다운 산봉우리들을 바라보았다. 그리고는 필사적인 갈망으로 울부짖었다.

"아, 내가 이 수치의 골짜기에서 완전히 벗어나 높은 곳으로 갈 수만 있다면, 그래서 모든 두려움 일가와 다른 친척들에게서 벗어날 수만 있다면!"

그 말이 끝나자마자 목자가 대답했다.

"겁쟁이야, 나는 네가 그 말을 하기를 오랫동안 기다려 왔단다. 이 골짜기를 떠나 높은 곳으로 가는 것이 가장 좋은 방법이야. 나는 기꺼이 그 곳으로 너를 데려갈 거란다. 강 건너 산비탈 언덕이 나의 아버지의 왕국, 사랑의 영토이지. '완전한 사랑이 두려움을 내어쫓기' 때문에 어떤 두려움도 그 곳에서는 살지 못해."

그 말을 들은 겁쟁이는 놀라서 목자를 응시하며 외쳤다.

"높은 곳으로 가고 거기에서 산다구요? 아, 그럴 수만 있다면 얼마나 좋을까요! 지난 몇 달 동안 그 갈망을 잊은 적이 없어요. 밤낮 그 생각을 하지만, 불가능한걸요. 전 절대로 못 갈 거예요. 다리를 너무 저니까요."

그녀는 불구인 자기 발을 쳐다보고는 다시 절망과 자기 연민이 가득한 눈물을 글썽거렸다.

　"그 산은 너무나 가파르고 위험해서 사슴이나 노루만이 안전하게
다닐 수 있다고 들었는걸요."

　"높은 곳으로 올라가는 길이 힘들고 위험하다는 것은 분명한
사실이야. 그래야만 사랑의 원수들이 올라가서 그 왕국을 침범하지
못하기 때문이지. 흠이나 결점이 있는 것은 그 곳에 있을 수 없단다.
높은 곳에 사는 이들에겐 '사슴의 발'이 필요하지. 나도 사슴의 발을
가지고 있단다."

　목자는 미소지으며 말을 이었다.

　"나는 젊은 수사슴이나 노루처럼 아주 쉽고 즐겁게 산을
오르내리며 뛰어다니지. … 그런데 겁쟁이야, 나는 네 발도
사슴의 발로 만들어서 높은 곳을 다니게 할 수 있단다. 그렇게 되면

너는 훨씬 더 온전히 나를 섬기고 모든 원수들에게서 벗어날 수 있어. 그곳에 가기를 갈망해 왔다니 기쁘구나. 이미 말했듯이, 네가 그 말 하기를 기다렸단다."

목자는 다시 한 번 미소지으며 말했다.

"그때가 되면 절대로 비겁쟁이를 다시 만나지 않을 거야."

겁쟁이는 얼떨떨하여 목자를 응시했다.

"제 발을 사슴의 발같이 하신다구요?"

그녀는 목자가 한 말을 되뇌었다.

"어떻게 그럴 수 있나요? 또 흠이나 결점이 있는 어떤 존재도 그 곳에 거할 수 없다면, 초라하고 보잘것없는 절름발이에다가 못생기고 입도 비뚤어진 제가 거기 있는 것을 왕국의 주민들이 어떻게 생각하겠어요?"

"네 말이 맞아. 높은 곳에 살려면 너는 먼저 변화되어야 해. 하지만 나와 함께 간다면 사슴의 발을 갖도록 도와 주겠다고 약속하마. 산 위의 진짜 높은 곳에 가까이 가게 되면 공기가 신선하고 상쾌해지지. 그 공기는 온 몸에 힘을 주고, 또 거기에 흐르는 시냇물에는 놀라운 치유 성분이 들어 있어서 몸을 담그면 모든 흠과 결점들이 씻겨진단다. 또 하나 알아둘 것이 있어. 너는 발이 사슴과 같이 되어야 할 뿐 아니라 다른 이름도 받아야 해. 두려움 일가인 겁쟁이가 사랑의 왕국에 들어간다는 것은 불가능하기 때문이지. 준비되었니, 겁쟁이야? 완전히 변화되고 사랑의 왕국의 시민이 되어 새로 받는 이름과 같은 자가 될 준비 말이야."

겁쟁이는 고개를 끄덕이고 나서 진지하게 대답했다.

"예, 그래요."

목자는 미소를 지으면서도 근엄하게 말했다.

"아직 한 가지 더 있어. 가장 중요한 것이란다. 사랑의 꽃이 마음속에 활짝 피어 있지 않은 이는 사랑의 왕국에 거할 수 없어. 겁쟁이야, 네 마음속에 사랑이 심겨 있니?"

목자는 겁쟁이를 물끄러미 바라보았다. 겁쟁이는 목자의 눈이 그녀의 마음 깊은 곳을 보고 있으며, 자기보다 자신의 마음을 더 잘 안다는 것을 깨달았다. 그녀는 어떻게 대답해야 할지 몰랐기 때문에 한참 동안 아무 말도 하지 않았다. 겁쟁이는 자신을 꿰뚫어 보는 목자의 눈을 다소 겁먹은 듯 바라보다가 한 가지 사실을 알게 되었다. 목자의 눈은 바라보는 대상을 되비추는 능력이 있다는 것이었다.

그래서 겁쟁이는 목자가 보는 것처럼 자신의 마음을 볼 수 있었다. 그녀는 한참 후에 대답했다.

"제 속에서 자라고 있는 것은, 자연적인 인간의 사랑의 기쁨을 경험하고 제가 사랑한 만큼 저를 사랑해 줄 수 있는 이를 정성을 다해 사랑하는 것에 대한 갈망인 것 같아요. 그 갈망이 자연스럽고 당연한 것이긴 하지만, 목자님이 말씀하신 사랑은 아닌 것 같아요."

겁쟁이는 잠시 머뭇거리다가 떨리는 목소리로 솔직히 말했다.

"목자님, 제 마음속에는 사랑과 흠모를 받고 싶은 갈망이 자라고 있어요.

하지만 목자님께서 말씀하시는 사랑은 아닌 것 같아요. 그래요, 적어도 제가 목자님 속에서 본 그런 사랑은 아니에요."

"그렇다면 진정한 사랑의 씨앗을 네 마음속에 심게 하겠니?"

목자가 물었다. 그리고 다시 말을 이었다.

"네가 사슴의 발을 가지고 높은 곳에 도달하려면 시간이 걸리니까, 지금 내가 네 마음속에 사랑의 씨를 심어 놓으면 높은 곳에 도달했을 때에는 활짝 꽃피게 될 거야."

겁쟁이는 약간 움츠러들었다.

"겁이 나요. 만일 누군가를 정말로 사랑하게 되면, 나에게 다른 것으로는 줄 수 없는 상처와 고통을 줄 수 있는 힘을 그에게 주게 된다고 들었거든요."

"그것은 사실이야. 사랑한다는 것은 사랑하는 상대방에게 자신을 맡기는 것이고 자신을 드러내기 때문에 고통받을 수도 있지. 너는 고통받는 것이 많이 두렵지?"

겁쟁이는 가련하게 고개를 끄덕이며 부끄러움이 가득 찬 얼굴로 말했다.

"예, 너무나 두려워요."

목자는 조용히 말했다.

"그러나 사랑한다는 것은 아주 행복한 일이야. 사랑을 되돌려 받지 못한다 하더라도 사랑하는 것은 행복하단다. 물론 사랑할 때는 고통도 따르지만, 사랑하는 이에게는 그 고통이 그리 크게 느껴지지 않는단다."

갑자기 겁쟁이는 목자의 눈처럼 인내심 있는 눈은 처음 보았다는 생각을 했다. 동시에 목자의 눈 속에 있는 알 수 없는 무엇이 그녀의 마음 깊은 곳을 찔렀다. 그녀는 두려워 움츠리며(그리고 말하기 부끄러워 재빨리) 말했다.

"저는 사랑을 되돌려 받는다는 확신이 없는 한 감히 사랑할 용기가 없어요. 사랑의 씨앗을 제 마음속에 심으시면, 제가 사랑을 되돌려 받을 것이라고 약속하실 수 있나요? 그 약속 없이는 씨앗을 품을 수 없어요."

목자는 지극히 온유하고 친절한 미소를 지었다. 왜 그런지 모르지만, 그 미소는 다시 한 번 그녀의 마음 깊은 곳을 찔렀다. 그는 주저 없이 말했다.

"그래 겁쟁이야, 약속하마. 사랑의 풀꽃이 네 마음속에서 활짝 피고 네가 이름을 바꿀 준비가 된다면, 너는 사랑을 되돌려 받을 거야."

기쁨의 전율이 그녀의 머리부터 발끝까지 휩싸고 흘렀다. 너무 좋아서 사실이 아닌 것 같았다. 그러나 목자가 친히 약속하고 있었다. 겁쟁이는 그가 거짓말하지 않는다고 확신했다.

"지금 제 마음속에 사랑을 심어 주세요."

그녀는 머뭇거리며 말했다. 세상에서 가장 중대한 약속을 받는 순간까지도, 그녀는 여전히 불쌍하고 가련한 겁쟁이였다.

목자는 손을 품속에 넣더니 무엇인가를 꺼내어 손바닥에 놓고는 겁쟁이에게 내밀었다.

"이것이 사랑의 씨앗이란다."

고개를 숙여 그것을 바라본 겁쟁이는 놀라서 작게 소리지르며 뒤로 물러섰다. 목자의 손바닥에 있는 씨앗은 길고 날카로운 가시 모양이었다. 겁쟁이는 목자의 손바닥에 있는 상처 자국을 주의 깊게 살펴본 적이 있었는데, 이제 보니 그 상처 자국은 그 옆에 있는 놓여 있는 사랑의 씨앗과 크기와 모양이 똑같았다.

"이 씨앗은 아주 날카로워 보여요."

그녀는 주눅든 목소리로 말했다.

"이걸 제 가슴에 집어넣으면 아프지 않을까요?"

목자는 부드럽게 말했다.

"이 씨는 매우 날카롭기 때문에 아주 빨리 미끄러져 들어간단다. 그러나 겁쟁이야, 이미 경고한 대로 사랑에는 고통이 수반되는 거야. 한동안만이라도 말이야. 네가 만일 사랑을 경험하려 한다면, 고통도 알아야 해."

겁쟁이는 가시를 보고는 뒤로 물러섰다. 그리고 목자의 얼굴을 보고 나서 그가 한 말을 되뇌었다.

"네 마음속에 있는 사랑의 씨앗이 활짝 꽃필 무렵이 되면, 너는 사랑을 돌려 받을 거야."

그러자 알 수 없는 새로운 용기가 생겼다. 그녀는 갑자기 앞으로 나아가 가슴을 내밀고 말했다.

"그 씨를 여기 제 마음속에 심어 주세요."

목자는 환하게 미소지으며 기쁘게 말했다.

"이제 너는 나와 함께 높은 곳으로 갈 것이고 내 아버지 나라의 백성이 될 거야."

그리고 나서 목자는 가시를 겁쟁이의 가슴속에 밀어 넣었다. 목자의 말대로 찔리는 아픔이 있었지만 가시는 재빨리 미끄러져 들어갔다. 그러자 전에는 느끼지도, 상상하지도 못한 감미로움이 갑자기 그녀를 감쌌다. 괴로우면서도 즐거운 기분이었지만, 즐거운 느낌이 더 강했다.

"사랑하는 것은 너무나 행복하다"라고 했던 목자의 말이 생각나자, 핏기 없고 창백한 뺨이 갑자기 발그레하게 달아올랐고 두 눈은 빛나기 시작했다. 그 순간, 겁쟁이는 그 무엇도 전혀 겁내지 않는 듯했다. 일그러진 입도 긴장이 풀어져 행복한 미소를 그렸고, 빛나는 눈동자와 발그스름한 뺨 때문에 아름다워 보이기까지 했다.

"고맙습니다, 고맙습니다."

겁쟁이는 큰 목소리로 말하며 목자의 발 앞에 무릎을 꿇었다.

"목자님은 참으로 선하시고 인내가 크십니다. 이 세상에 목자님같이 선하시고 친절하신 분은 없어요. 저는 목자님과 함께 산으로 가겠어요. 목자님께서 제 발을 사슴의 발과 같게 하시고, 저 같은 자도 높은 곳에 서게 하시리라고 믿습니다."

"나는 너보다 더 기쁘구나"라고 목자는 말했다.

"너는 벌써 이름까지 바꾼 것 같구나. 그러나 하나 더 말해 줄 게 있단다. 대적이 공격하지 못하도록 내가 너를 산기슭까지 데려다 주겠지만, 그 후에는 내가 너를 위해 선택한 특별한 동반자들이 너를 안내하고 도와줄 거야. 네가 발을 절고 천천히 움직일 수밖에 없는 동안 너를 도와서 가파르고 힘든 곳을 오르게 해줄 거야. 그리고 아까 말했듯이, 겁쟁이야, 넌 항상 날 볼 수는 없을 거야. 나는 산과 언덕을 뛰어다니기 때문에 처음부터 항상 네가 나와 동행하거나 함께 있을 수 없어. 나중에는 가능해질 거란다. 하지만 사랑의 왕국에는 어디에나 통하는 아주 훌륭한 의사 소통 체계가 있다는 것을 기억하렴. 네가 산비탈에 다다르는 순간부터 나에게 말하기만 하면 내가 들을 수 있단다. 그러니 네가 도움을 요청할 때마다 즉시 네게로 가겠다고 약속할게. 너의 안내자로 선택된 두 친구가 산기슭에서 기다리고 있을 거야. 네가 사슴의 발을 갖도록 가장 잘 도울 수 있는 두 조력자를 내가 세심하게 신경 써서 직접 선택했다는 사실을 명심하렴. 그들이 너를 돕도록 기쁘게 받아들일 거지?"

"그럼요."

그녀는 즉시 대답하며 목자를 보고 행복하게 웃었다.

"목자님은 무엇이 최선인지 아시고, 옳은 것만 선택하신다는 것을 진정으로 믿고 있는걸요."

그녀는 명랑하게 말을 이었다.

"이제 다시는 두려워하지 않을 것 같아요."

목자는 방금 사랑의 씨를 마음속에 심고 목자와 함께 높은 곳으로 가려고 준비하는 작은 여목자를 다정하게 바라보았다. 그는 그녀를 온전하게 이해하고 있었다. 그녀의 외로운 마음이 복잡하게 얽혀 있다는 것도 그녀 자신보다 더 잘 알고 있었다. 겁쟁이가 새로운 이름에 합당한 모습으로 성장하기까지는 긴 과정이 따른다는 것을 그 누구보다도 잘 알고 있는 목자였지만, 그는 말하지 않았다. 다만 겁쟁이의 평범한 외모를 갑자기 변화시킨 발그레한 뺨과 빛나는 눈을 측은하고 안쓰럽다는 듯 바라보았다.

"이제 집에 가서 떠날 준비를 해라. 아무것도 가지고 갈 수 없으니 모든 것을 정돈하기만 하렴. 그리고 높은 곳으로 가는 여정은 비밀이어야 하니까 아무에게도 말하지 말아라. 우리가 언제 산을 향해 출발할 것인지 지금 정확한 시간을 알려줄 수는 없지만, 곧 떠날 거야. 내가 너의 집에 가서 부르기만 하면 언제라도 날 따라올 준비가 되어 있어야 해. 비밀 신호로 너의 집을 지나갈 때 목자의 노래 중 하나를 부르겠다. 그 노래에는 너에게 보내는 특별한 메시지가 들어 있을 거야. 그 노래를 듣는 즉시 우리만의 만남 장소로 오너라."

이미 붉게 빛나는 햇살을 뿌리며 해가 지고, 동쪽 산들은 연한 자줏빛과 회색빛 안개에 덮여 긴 그림자를 드리웠다. 목자는 양 떼를 우리로 몰고 갔다.

집으로 향하는 겁쟁이의 가슴은 행복과 환희로 가득 찼다. 이제 다시는 겁나지 않을 것 같았다. 그녀는 홀로 들판을 가로질러 돌아가면서, 목자들이 즐겨 부르는 옛 노래 책의 노래 중 하나를 불렀다. 이 노래가 지금처럼 달콤하고 자신에게 딱 어울린다고 느낀 적이 없었다.

사랑의 왕의

가장 아름다운 노래 "아가"라

이 세상의 어떤 기쁨도 왕의 기쁨에 비기지 못하리

그것에 비하면 다른 것은 아무것도 아니리

그 이름이 쏟은 향 기름 같으니

그의 모든 사랑하는 자들이 노래하네

나를 인도하소서, 내가 당신을 따라 달려가리라

당신은 내 마음으로 선택한 단 한 사람이라

아, 나를 당신의 궁전으로 인도하여

그 곳에 거하며 즐거워하게 하소서

아, 나의 왕이여, 거기서 당신과 함께 있으며

잔치하며 당신의 음성을 듣게 하소서

내가 더럽고 흠이 있지만

흘겨보지 말 것은

버림받은 나를 왕이 발견하여

그 사랑을 내게 두었음이라

나는 사랑으로 온전해지며

아름다우리라.

(아가 1:1−6 참조)

겁쟁이는 노래를 부르며 첫 번째 들판을 걸어갔다. 그리고 다음 들판을 반쯤 지날 때 갑자기 비겁쟁이가 자기에게 걸어오는 것을 보았다. 가엾은 겁쟁이! 잠시 동안 끔찍한 친척들의 존재를 까맣게 잊고 있었던 것이다. 그런데 지금 친척들 중에서도 가장 두렵고 혐오스러운 자가 어슬렁거리며 그녀에게 다가오고 있는 것이었다. 그녀는 너무나 무서웠다. 좌우를 둘러봐도 숨을 곳은 없었고, 게다가 그녀를 보자마자 그의 발걸음이 빨라졌다. 그녀를 만나기 위해 다가오고 있는 것이 분명했다. 어느새 그는 바로 그녀 곁에 와 있었다.

그는 공포로 숨이 막힐 듯한 겁쟁이에게 말했다.

"어이, 이제야 귀여운 내 사촌 겁쟁이를 여기서 만나는구먼. 그래, 우리 결혼을 어떻게 생각하시나?"

그리고는 장난치듯 그녀를 꼬집었다. 그녀는 그의 심술궂은 태도에 숨이 막혔고 고통의 소리를 참으려 입술을 깨물었다.

겁쟁이는 공포와 혐오에 떨며 그를 피했다. 하지만 불행히도 그것은 매우 어리석은 행동이었다. 비겁쟁이 두려움은 그녀가 무서워하면 할수록 더 괴롭히고 싶어했기 때문이다. 만일 그녀가 그를 무시했다면 그는 금방 그녀를 괴롭히는 것에 싫증을 느끼고 다른 상대를 찾아 떠났으리라. 그러나 겁쟁이는 지금까지 살아오면서 비겁쟁이에 대한 두려움을 무시하지 못했다. 지금도 역시 그 두려움을 숨길 힘이 없었다.

겁쟁이의 하얗게 질린 얼굴과 겁먹은 눈을 본 비겁쟁이는 더욱 그녀를 괴롭히고 싶었다. 비겁쟁이의 완력 아래 혼자인 그녀는 비겁쟁이가 자신을 붙잡자 공포와 고통의 외마디 비명을 질렀다. 바로 그때, 비겁쟁이가 움켰던 손을 놓고 움찔하며 물러났다.

어느새 목자가 다가와 그들 곁에 서 있었던 것이다. 그의 엄한 얼굴과 번쩍이는 눈, 튼튼한 막대기를 붙잡고 위로 치켜든 강한 손을 보는 것만으로도 그 불량배에겐 충분했다. 비겁쟁이는 매맞은 개처럼 꼬리를 내리고 슬금슬금 물러서서 마을 반대 방향으로 달아나 버렸다. 그는 자기가 어디로 가고 있는지도 모른 채, 몸을 숨길 안전한 장소를 찾아야겠다는 한 가지 본능에만 사로잡혀 있을 뿐이었다.

겁쟁이는 울음을 터뜨렸다. 비겁쟁이는 겁이 많기 때문에 만일 그녀가 큰 소리로 목자를 부르기만 했어도 즉시 달아났을 것이다. 그러나 그녀는 미처 그 생각을 못했다. 지금 그녀의 옷은 찢어지고 흐트러졌으며, 불량배가 꽉 붙잡았던 팔에는 멍이 들었지만, 그것은 작은 아픔에 지나지 않았다. 무엇보다도 그녀는, 자신이 이미 변화되기 시작했다고 생각했던 것과는 달리, 너무나 쉽게 본성과 이름대로 행동한 사실이 몹시 부끄러웠던 것이다.

겁쟁이가 두려움 일가를 무시하는 일은 도저히 안될 일 같았다. 하물며 그들에게 대항한다는 것은 더더욱 그랬다. 그녀는 감히 목자의 얼굴을 쳐다볼 수 없었다. 그러나 만일 그를 바라보았다면, 그가 자신을 얼마나 긍휼히 여기는지 알 수 있었으리라. 그녀는 사랑의 왕이 "두려워하는 자들을 매우 동정하며 긍휼히 여긴다는 것"을 알지 못했다. 겁쟁이는 목자도 다른 모든 이들처럼 바보같이 무서워하는 자신을 비웃을 거라 생각하고는 부끄러워하며 "고맙습니다"라고 웅얼거렸다.

그녀는 목자를 쳐다보지도 않고 비통하게 울먹이며 혼자 되뇌었다.

"높은 곳에 간다는 생각이 무슨 소용이야? 난 절대로 못 갈 거야. 아주 사소한 일에도 물러나는 주제에."

그녀는 절뚝거리면서 마을로 향했다.

마침내 안전한 집에 돌아오자 그녀는 기분이 다소 나아졌다. 차를 한 잔 마시고 저녁 식사를 하니 더욱 마음이 안정되어, 작은 폭포와 물웅덩이 가에서 있었던 일을 상기할 수 있었다. 그리고 사랑의 씨가 자기 가슴속에 있다는 사실이 갑자기 기억나자 환희와 기쁨이 밀려왔다. 그것을 생각하니 참을 수 없는 감미로움이 또다시 그녀를 감쌌다. 새로이 경험하게 된 행복 때문에 느끼는 그 감미로움은 고통과 달콤함이 교차하는 것이었고, 말로 형용하기 어렵지만 완전한 기쁨과 환희를 주었다.

"사랑하는 것은 행복해."

작은 겁쟁이는 혼잣말을 하고 다시 되뇌었다.

"사랑하는 것은 행복해."

하루 동안 겪었던 온갖 모순된 감정으로 지쳐 버린 그녀는 집 안을 정돈한 후 자리에 누웠다. 잠들기 전 겁쟁이는 옛 노래 책의 아름다운 노래 중 한 곡을 계속 불렀다.

내 마음에 사랑하는 자야
너의 양떼 먹이는 곳과
오정에 쉬게 하는 곳을
내게 고하라
내가 어찌
다른 사람 곁에 있으며
네 곁에 있지 않으랴?

여인 중에 어여쁜 자야
네가 알지 못하겠거든
양 떼의 발자취를 따라
나의 작은 양 떼를 인도하라
그리고 내가 너에게 대하듯
너도 내게 대하라
사랑하는 자여.
(아가 1:7-8 참조)

그리고 나서 그녀는 깊은 잠에 빠져들었다.

2

두려움 일가의 침입

다음날 아침 일찌감치 일어났을 때 겁쟁이의 모든 두려움은 사라졌다. '아마 오늘쯤 목자님과 함께 높은 곳으로 출발하겠지' 라는 생각이 맨 먼저 뇌리를 스쳤다. 그 생각에 매우 흥분한 그녀는 아침 식사를 거의 하지 못했고, 여정을 준비하면서도 노래가 절로 흘러 나왔다.

사랑의 씨가 마음속에 심긴 후부터는 기쁨의 노래가 그녀의 배에서 흘러 나오는 것 같았다. 목자들이 양 떼들 사이에서 일하거나 양 떼를 초장으로 인도할 때 즐겨 불렀던 노래들이 그녀의 새로운 행복감과 감사의 심정을 가장 잘 표현해 주었다. 목자가 말한 대로 준비하면서 그녀는 그 노래들 가운데 또 다른 것을 불렀다.

왕이 상에 앉았을 때에
나의 나도 기름이 향기를 토하였고
내가 저장해 둔 몰약과 고벨화 향을 꺼내어
그의 발 위에 부었구나
이는 나의 감사의 사랑을 드러내려 함이라
그가 나를 사랑하였고 이 비천한 여종에게 구애하였구나

너희 예루살렘 여자들아
내가 비록 보기에는 검어서
염소 가죽으로 만든 장막 같을지라도
솔로몬의 휘장과도 같노라
곧 나의 외면에는 죄의 흔적이 있지만
나의 내면은 사랑으로 아름답게 장식되어 있노라

내가 거무스름할지라도 멸시하지 말라
이는 일광에 내 얼굴이 쬐었고
내 어미의 자녀들이 나를 노하여
내 집에서 나를 쫓아내었음이라
나는 그들의 포도원에서 수고하고 눈물을 흘렸으나
나의 포도원은 지키지 못하였구나
왕 외에 어떤 사람이 보기에도 나는 아름답지 않으나
나의 왕실 예복은 아름답구나

나의 곤핍함과 무가치함 위에
왕의 존엄한 은혜가 풍성히 부어지도다
왕께서는 나의 흠을 보지 않으시고
내게 이뤄질 아름다움을 사랑하시는구나.
(아가 1:12-15, 5-6 참조)

일에 열중할 때마다 가끔씩 그녀의 가슴은 두근거렸는데, 그 이유의 반은 즐거운 흥분 때문이고, 나머지 반은 알 수 없는 두려움 때문이었다. 가슴속에 심긴 가시를 생각할 때마다 그녀는 머리 꼭대기부터 발끝까지 신비한 감미로움에 휩싸였다. 다리를 저는 가련한 겁쟁이도 사랑하고 사랑받는 존재가 된 것이다. 높은 곳에 도달하면 그녀의 부끄러운 결함은 사라지고 아름답게 될 것이다. 그리고 그녀의 마음속에서 사랑의 꽃이 활짝 피게 되면 사랑을 돌려 받을 것이었다. 그런데 이런 감미로운 생각을 할 때조차도 고개를 드는 의심은, 그것이 이루어질 리가 없으며 현실이 아니라 단지 아름다운 꿈에 불과할 것 같다는 것이었다.

겁쟁이는 "아, 그런 일이 실제로 일어날 리 없어"라고 중얼거리곤 했다. 그러나 목자에 대해 생각할 때면 가슴은 다시 두근거리기 시작했고, 문이나 창문으로 달려가서 목자가 자신을 부르러 오는지 내다보곤 했다.

아침이 지났지만 목자는 여전히 오지 않았다. 그런데 정오가 지난 직후에 예상치 못한 일이 일어났다. 무시무시한 친척들이 침입해 온 것이었다. 그녀가 무슨 일이 일어나고 있는지 미처 깨닫기도 전에, 그들은 갑자기 침입해 들어왔다. 쿵쿵거리는 발소리와 왁자지껄한 목소리가 들리더니 숙모와 숙부와 사촌들 모두가 무리 지어 그녀를 둘러쌌다. 그러나 비겁쟁이는 그들과 함께 오지 않았다. 그의 가족은 전날에 있었던 이야기를 듣고 겁쟁이가 특히 비겁쟁이를 무서워하고 두려워하며 그를 보면 움츠러든다는 사실을 알고서는 그를 데리고 오지 않는 편이 좋겠다고 결정했던 것이다.

그들은 결혼을 반대하는 겁쟁이의 생각을 뒤엎고, 가능하다면 그녀를 집에서 끌어내 그들이 사는 곳으로 데려가려 했다. 그녀 혼자 집에 있고 목자는 양 떼를 이끌고 멀리 떨어져 있을 때 대담하게 공격하자는 게 그들의 계획이었다. 그들은 그렇게 하여 그녀를 자기들의 뜻에 굴복시키려 했다. 하지만 밝은 대낮에 강제로 그녀를 납치할 수는 없었다. 마을 곳곳에 많이 있는 목자의 종들이 즉시 그녀를 도우러 올 수 있었기 때문이었다.

그들은 겁쟁이가 얼마나 소심하고 연약한지 알기 때문에 많은 무리가 한꺼번에 위협하면 그녀를 늙은 두려움 경의 저택으로 데려갈 수 있으리라고 생각했다. 그렇게 되면 겁쟁이를 그들 마음대로 할 수 있는 것이다.

늙은 두려움 경도 일가와 함께 와 있었다. 그는 친척들이 겁쟁이에게 매우 친절한 마음과 호의를 갖고 있기 때문에 이렇게 온 것이라고 아버지처럼 말하며 그녀를 설득하려 했다. 그는 친척들이 제안하는 결혼을 그녀가 거부하고 있음을 알고 있었고, 그 문제를 가능하다면 대화로 조용히 해결하고 싶었다. 그가 보기에 둘은 매력적이고 모든 면에서 잘 어울리는 한 쌍이었다. 그리고 조금만 이해를 가지고 대화를 나누면 해결될 문제를 겁쟁이가 오해하고 있는 것이 확실하다고 생각했다. 늙은 두려움 경은, 그래도 하기 싫다면 그녀의 의사를 무시하면서까지 결혼시키는 일은 없을 것이라고 부드럽게 그녀를 안심시켰다.

그가 말을 마치자마자 다른 친척들이 떠들썩한 목소리로 끼여들어 겁쟁이를 설득하며 온갖 제안을 해댔다. 그녀 스스로 너무 오랫동안 친척들을 멀리했기 때문에 이제는 친척들이 그녀에게 갖는 감정이나 의도를 좀 이상하게 해석하는 것이 틀림없다, 그러므로 우리와 좀 함께 있으면서 그녀가 잘못 판단했고 오해했음을 입증할 기회를 마련해 주어야 한다는 것이 그들의 주장이었다.

그들은 비겁쟁이가 동화 속 왕자처럼 매력적이거나 유쾌하지도 않고, 불행하게도 매너마저 거칠지만, 그것은 그가 결혼 생활을 통해 부드러워지고 세련되어 지지 않았기 때문이라고 주장했다. 결혼 생활의 의무와 기쁨을 알게 되면 금방 달라지고 확실히 변화될 것이 분명하다고 말했다. 또 그녀가 이러한 변화를 일으키는 주체가 된다는 것은 오히려 기뻐해야 할 특권이며, 그들도 그 변화를 보기 원한다고 했다.

모든 이들이 말을 계속 해댔지만, 그들 가운데 움츠리고 앉은 가련한 겁쟁이는 너무도 어리둥절하여 그들이 무슨 말을 하는지 무슨 제안을 하는 건지 이해하지 못했다. 그들이 바라던 대로, 그녀는 점점 당황하고 근거 없는 두려움에 사로잡히게 되었다. 비겁쟁이를 덜 기분 나쁜 존재로 변화시킨다는 불가능한 일을 시도하는 것이 그녀의 의무라는 말에 그녀는 거의

설득된 것처럼 보이기까지 했다. 그런데 갑자기 무언가가 바깥에서 그들의
주의를 끌었다.

　두려움 일가는 겁쟁이의 집에 들어왔을 때, 그녀가 달아나지 못하도록
문을 잘 닫고 빗장까지 질렀었다. 그런데 지금 누군가의 노래부르는 소리
가 멀리서 들려 오는 것이었다. 그 노래는 겁쟁이가 잘 알고 너무나 좋아하
는 오래 된 노래 책에 있는 노래였다. 잠시 후, 그 노래부르는 사람이 집 앞
골목길을 천천히 지나가는 것이 보였다. 그는 벌써 그의 양 떼를 물가로 인
도해 가고 있는 목자장이었다. 열린 창문으로 흘러 들어오는 그 곡조와 함
께 양 떼들이 부드럽게 "매에" 하고 우는 소리, 흙 묻은 발굽을 또닥거리며
목자를 따라 걷는 소리가 들려 왔다.

　목자가 그 집을 지나가며 부르는 노래 소리에 조용한 여름 날 오후의 다
른 모든 소리는 잠잠해지는 듯했다. 그 소리에 집안의 시끄러운 소리들은
즉시 그쳤고 누구나 느낄 수 있는 정적만이 집안을 감돌았다. 그 노래는 이
러했다.

　　나의 사랑하는 자의 목소리로구나
　　내 가슴이 온통 떨리니
　　그가 산에서 달리고
　　작은 산을 가벼이 빨리 넘어오는구나

　　그는 노루와도 같고 어린 수사슴과도 같이

빠르고 강하구나
그가 나의 창문으로 들여다보며
내게 손짓하는구나

나의 사랑, 나의 어여쁜 자야
일어나서 함께 가자
겨울도 지나고
비도 그쳤구나

꽃이 피고
작은 새들은 모두 노래하는구나
반구의 소리가 들리니
온 땅에 봄기운이 완연하네

포도나무에는 움이 돋고
무화과나무에는 열매가 맺혔으니
나의 사랑, 나의 어여쁜 자야
일어나서 함께 가자

다른 모든 것들은 즐거워하고 있는데
왜 나의 비둘기는 아직도 숨어 있는가
오 아름다운 자야 나로 네 얼굴을 보게 하라
오 나로 네 목소리를 듣게 하라.
(아가 2:8-14 참조)

집 안에서 노래 소리를 듣고 있던 겁쟁이는 목자가 산으로 함께 가자고 부르고 있음을 알고 괴로웠다. 그것은 그가 약속했던 비밀 신호였으며, 그는 그것을 듣는 즉시 떠날 수 있도록 준비하고 있어야 한다고 말했었다. 그런데 지금 그녀는 자기 집 안에 갇힌 채 끔찍한 두려움 일가에게 포위되었기 때문에 목자의 부름에 따르기는커녕 자신의 상황을 알릴 수조차 없었다.

바로 그 순간, 노래가 처음 시작되어 모든 이가 놀라 침묵하고 있을 때 겁쟁이는 와서 자기를 도와 달라고 목자를 불렀어야 했다. 그러나 그녀는 자신이 목자를 부를까 봐 겁이 나서 두려움 일가가 숨을 죽이고 있다는 것을 알아채지 못했다. 만일 목자를 부르기만 했다면, 그들은 허겁지겁 도망 갔을 것이다. 그러나 그녀는 두려움으로 기절할 것 같은 상태였기 때문에 기회를 놓쳤고, 그런 후에는 이미 때가 너무 늦어 버리고 말았다.

다음 순간, 겁쟁이는 소심쟁이의 육중한 손이 그녀의 입을 꽉 막고 있는 것을 느꼈다. 그리고 다른 손들이 그녀를 꽉 붙잡아 억지로 의자에 앉혔다. 그래서 목자는 오두막을 천천히 지나가며 노래를 불러 신호를 보냈고 "창으로 모습이 보이도록 했다." 그러나 오두막집 안에서는 아무 응답도 없었다.

목자의 모습이 사라진 후, 그 노랫소리와 양들의 울음 소리마저 점점 작아져 결국 완전히 들리지 않게 되었을 때, 살펴보니 겁쟁이는 기절해 있었다. 사촌 소심쟁이가 손으로 입을 틀어막았기 때문에 그녀는 질식하여 거의 숨이 끊어질 지경이었던 것이다. 그녀의 친척들은 이 기회를 이용해 기절해 있는 그녀를 다른 곳으로 옮기고 싶었지만, 모든 이들이 일을 마치고 집으로 돌아오는 시간이었기 때문에 너무 위험했다. 그래서 두려움 일가는 어두워질 때까지 겁쟁이의 집에 계속 머물러 있다가 겁쟁이의 입을 틀어막고 다른 이들 눈에 띄지 않게 옮기기로 결정했다.

그들은 그렇게 결정한 후, 겁쟁이가 빨리 정신을 차릴 수 있도록 침대에 눕혔고 숙모와 사촌들은 부엌으로 가서 자기들이 먹고 힘을 낼 만한 음식을 찾았다. 남자들은 거실에 앉아 담배를 피우고 있었고 우울은 침실에서 의식이 가물가물한 희생자를 지키고 있었다.

겁쟁이는 점차 의식을 되찾았지만, 자신이 처한 상황을 깨닫자 또다시 공포에 질려 거의 기절 상태에 이르렀다. 그녀는 도와 달라고 소리치지도 못했다. 모든 이웃들은 일하러 나가고 집에 없을 것이라고 생각했기 때문이다. 그러나 과연 그랬을까? 아니다. 실제로는 겁쟁이가 생각한 것보다 시간이 더 많이 지나 있었던 것이다. 마침 그때, 갑자기 옆집에 사는 용감무쌍 부인의 목소리가 들려 왔다. 그 소리를 들은 겁쟁이는 마음을 다잡고 탈출하기 위해 필사적인 최후 시도를 감행했다.

그런 돌발 행동에 미처 대비하지 못하고 있던 우울이 무슨 일이 일어나고 있는지 제대로 파악하기도 전에 겁쟁이는 튕겨 나가듯 침대에서 벌떡 일어나 창문을 향해 최대한 크게 소리질렀다.

"용감무쌍 부인! 용감무쌍 부인! 와서 좀 도와 주세요. 빨리요. 살려 주세요!"

겁쟁이가 외친 소리를 듣고 정원 너머 소리나는 쪽을 바라보던 용감무쌍 부인은, 창문을 통해 공포에 질려 창백한 겁쟁이의 얼굴과 빨리 와 달라고 애원하는 그녀의 손짓을 보았다. 다음 순간, 겁쟁이의 얼굴은 누가 잡아당긴 듯 사라지고 갑자기 커튼이 쳐졌다. 그것만으로도 용감무쌍 부인은 모든 상황을 파악 수 있었다. 그녀는 이름과 딱 들어맞는 이였다. 용감무쌍 부인은 곧장 겁쟁이의 집으로 가서 문을 잡아당겼다. 그러나 문은 잠겨 있었다. 그래서 창문을 통해 들여다보니 겁쟁이의 친척들이 집을 꽉 채우고 있었다.

용감무쌍 부인 자신의 말을 빌리자면, 그녀는 '쓸데없는 두려움들 한 무더기' 때문에 겁낼 자가 아니었다. 그녀는 창문으로 고개를 들이밀고 위협적인 어조로 소리쳤다.

"하나도 빠짐 없이 지금 당장 이 집에서 다 나가요! 3초 안에 다 나가지 않으면 목자장을 부르겠어요. 이 집은 목자장의 것이니, 당신들이 여기 있는 것을 그분이 보게 되면 좋지 않을걸요!"

그녀의 말은 마술 같은 효력이 있었다. 두려움 일가는 빗장을 풀고 문을 열어제친 후 모두 쏟아져 나갔고, 급히 서두르며 도망가느라 서로 걸려 넘어지기도 했다. 그들이 수치스럽게 도망가는 것을 보면서 용감무쌍 부인은 쓴웃음을 지었다. 마지막 하나까지 다 황급히 달아나자 부인은 집 안으로 들어가 겁쟁이에게 다가갔다. 겁쟁이는 두려움과 비탄으로 지쳐 있었다. 용감무쌍 부인은 겁쟁이의 이야기를 통해 그들이 그녀를 무척 괴롭혔고 어두워지면 가여운 그녀를 납치하려 했다는 것을 알게 되었다.

용감무쌍 부인은 두려움을 느낀다는 것이 어떤 건지 거의 몰랐고, 두려움 일당을 혼자만의 힘으로 간단히 쫓아낸 이였다. 그런 그녀는 겁쟁이가 바보같이 친척들에게 즉시 대항하지 않고 그들이 집을 장악하기 전에 담대히 물리치지 않은 것을 엄하게 꾸짖고 싶었다. 그러나 불쌍한 그녀의 창백한 얼굴과 겁에 질린 눈으로 덜덜 떠는 모습을 보자 그런 생각을 자제했다.

'그렇게 말하는 것은 도움이 안될 거야. 가엾게도 이 아이는 도저히 그렇게 할 수가 없었어. 자신도 그 무리 중 하나이기 때문에 두려워하는 본성을 가지고 있는 거야. 내면에 그런 약점을 가지고 있는 이에게 그렇게 말하는 것은 좋은 생각이 아니야. 아마 목자만이 이 아이를 진정으로 도울 수 있을 거야.'

용감무쌍 부인은 곰곰이 이런 생각을 했다.

그래서 그녀는 훈계 대신 떨고 있는 어린 소녀의 어깨를 두드려 격려하며 어머니 같은 심정으로 매우 친절하게 말했다.

"자, 애야, 네가 놀란 마음을 진정시키는 동안, 나는 잠깐 부엌에 들어가서 우리 둘이 마실 차를 맛있게 끓여 올게. 차를 마시면 금방 기분이 나아질 거야. …어머! 그들이 벌써 우릴 위해 주전자를 올려놓고 갔잖아!"

부엌문을 열었더니 식탁 위에 이미 식탁보가 펼쳐져 있고 초청받지 않은 손님들이 제멋대로 차려 놓았다가 급히 포기하고 간 음식들이 있었다.

"정말로 욕심꾸러기 한 무더기였군."

화가 나서 혼자 중얼거리던 부인은 그들이 그녀 앞에서 어떻게 줄행랑쳤는지를 떠올리면서 뿌듯한 미소를 지었다.

함께 차를 마시고 나서 용감무쌍 부인이 달갑지 않은 침입자들의 흔적을 원기 왕성하게 모조리 치워 버린 후에 겁쟁이는 거의 평정을 되찾았다. 어둠이 깔린 지 한참 되었기 때문에 늘 하듯이 웅덩이에 가서 목자를 만나, 왜 목자의 부름에 응답하지 못했는지 설명하기에는 시간이 너무 늦었다. 아침까지 기다려야 했다.

그래서 용감무쌍 부인의 권유대로, 완전히 녹초가 된 겁쟁이는 곧바로 자리에 누웠다. 용감무쌍 부인은 겁쟁이에게 이불을 잘 덮어 주고는 따뜻한 위로의 입맞춤을 했다. 그녀는 그날 밤 겁쟁이와 함께 자 주겠다고 했지만, 집에서 부인을 기다리는 가족이 있음을 아는 겁쟁이는 친절한 제안을 정중히 사양했다. 용감무쌍 부인은 집을 떠나기 전에 겁쟁이 곁에 종을 놔두면서 밤중에 무슨 일이 생기면 그 종을 울리라고 말했다. 그리고 종소리를 듣는 즉시 자기 가족 모두가 건너와서 그녀를 돕겠다는 약속도 했다. 그런 다음 용감무쌍 부인은 집으로 돌아갔고 겁쟁이는 홀로 집에 남았다.

3

한밤의 도주

겁쟁이는 몇 시간 동안 잠을 이루지 못한 채 누워 있었다. 몸과 마음이 몹시 지쳐서 한 자세로 편히 쉴 수가 없었기 때문에 자정이 훨씬 지나서도 이리저리 힘없이 뒤척였다. 뭔가 꼭 기억해야 하는데 그럴 수 없을 때처럼 그녀의 머리 속엔 무언가 불안한 것이 있었다. 그녀는 계속 생각하다가 겨우 잠이 들었다.

한두 시간 후 그녀는 갑자기 잠이 깨었고, 정신이 번쩍 들면서 전에는 결코 겪어 보지 못했던 고통을 느꼈다. 가슴에 있는 가시가 견딜 수 없을 정도로 쑤시고 아파 왔다. 처음에는 그녀가 너무 혼란스러워서 미처 생각해

내지 못하는 어떤 문제를 애써 일깨우려 하는 것 같은 고통이었다. 그러다 갑자기, 정말 순식간에 그녀는 그것이 무엇인지 확실히 깨달았고, 혼자서 계속 중얼거렸다.

"목자님은 약속대로 오셔서 나를 부르셨는데, 나는 그분께 가지 않았고 아무 대답도 안 했어. 내 마음이 변해서 그분과 함께 가고 싶어하지 않는다고 생각하시면 어떡하지? 그분이 나를 남겨 두신 채 가 버리셨으면 어떻게 하지? 날 그냥 놔두고 가신 게 틀림없어! 그래, 놔두고 가신 거야!"

겁쟁이는 이런 생각이 들자 엄청난 충격을 받았다. 잠시 잊고 있던 일이었다. 목자는 그녀가 왜 목자가 말한 대로 그에게 오지 않았는지 이해 못할 수도 있는 것이다.

목자는 부르는 즉시 함께 갈 수 있도록 준비하고 있어야 하며 지체하지 말아야 한다고 강조했었고, 목자 자신이 친히 산에 가야 할 급한 용무가 있다고도 했었다. 그런데 그녀는 평소처럼 저녁에 목자와의 만남의 장소로 가는 것조차 하지 못했던 것이다.

목자는 그녀가 겁을 먹었다고 생각할 것이 분명했다. 그는 이미 떠나 버리고 그녀 혼자 남겨져 있는 것인지도 몰랐다. 겁쟁이는 얼음장처럼 차갑게 얼어붙었고 이가 부딪힐 정도로 몸을 떨었다. 그러나 가장 큰 괴로움은 그녀 가슴속의 고통이었다. 침대에 누워 있던 겁쟁이는 그 고통으로 숨이 막힐 것 같았다. 그녀는 자리에서 일어나 앉아, 추위와 그 생각에 대한 두려움으로 벌벌 떨었다. 목자가 그녀를 남겨 두고 떠났다는 생각만 해도 견딜 수 없는 일이었다.

겁쟁이 옆에 있는 탁자 위에 옛 노래 책이 있었다. 등불에 비춰 보니, 어떤 여목자에 대한 노래가 펼쳐져 있었다. 마치 그녀처럼, 그 여목자 역시 사랑의 부르심에 응답하지 못했고, 그걸 깨달았을 때는 이미 너무 늦어서 사랑이 떠나 버린 상황에 놓여 있었다.

전에는 항상 그 노래가 너무 슬프게 느껴져서 가사를 제대로 읽을 수 없었지만, 이제 어두운 한밤의 고독 속에서 다시 그 가사를 읽자, 버림받고 겁에 질린 그녀 자신의 심정에서 나오는 절규처럼 느껴졌다.

내가 밤에 침상에서
마음에 사랑하는 자를 찾았구나
찾아도 발견치 못하였구나
이에 내가 일어나서

성중의 거리나
큰길로 가리라
이는 내 마음에 사랑하는 자가
나를 떠나가 버렸음이라.

작은 노래 책의 한 페이지가 끝났지만 그녀는 책장을 넘기지 않았다. 갑자기 이 불확실한 상황을 더 이상 견딜 수 없을 지경이었다. 목자가 정말

자기를 버리고 멀리 떠나 버렸는지 직접 확인해야 했다. 그녀는 급히 잠자리에서 일어나 떨리는 손으로 최대한 빨리 옷을 입고 문 자물쇠를 풀었다. 그리고 거리와 큰길로 나가서 목자를 찾아보고, 그분이 자신을 남겨 두고 가 버렸는지 아니면 혹시라도 그녀에게 또 다른 기회를 주려고 기다리는지 알아보려 했다.

그녀는 문을 열고 어두운 바깥으로 나갔다. 비겁쟁이 같은 자들 백 명이 인적 없는 길거리에 숨어 있다 하더라도 그 순간에는 그녀를 막을 수 없었다. 왜냐하면 그녀 내면의 고통이 공포와 다른 모든 것을 삼켜 버렸고 그녀를 재촉했기 때문이다. 그리하여 동트기 직전의 어둠 속에서, 겁쟁이는 목자를 찾아 헤매기 시작했다.

다리를 절기 때문에 빨리 움직일 수는 없었지만, 그녀는 절뚝거리며 마을 거리를 지나서 들판과 양 우리 쪽으로 향했다. 그녀는 걸어가면서 혼자 나지막이 속삭였다.

"아, 목자님, 사랑과 고통이 함께 한다는 목자님 말씀은 정말 진실이에요."

이런 것인 줄 알았다면, 희미하게나마 느꼈더라면, 그녀는 과연 목자가 자기 가슴에 가시를 심도록 할 수 있었을까? 이미 이제는 돌이킬 수 없었다. 그 씨앗은 그녀의 가슴속에 있었다. 그녀의 가슴속에는 사랑도, 고통도 있었으며, 목자를 찾아야만 했다. 절뚝거리고 가쁜 숨을 몰아쉬면서 마침내 그녀가 양 우리에 도착했을 때는 희미한 별빛 아래 주위가 고요했다. 그 곳에서 밤새 양을 지키고 있던 보조 목자 한두 명이 다가오는 발소리를 듣고는 땅바닥에서 일어나, 한밤중에 누가 찾아왔는지 보려고 가까이 다가왔다.

"누구십니까?"

그들은 어둠 속에서 묻고는, 불빛을 받은 겁쟁이의 창백한 얼굴과 겁에 질린 눈을 놀라서 응시했다.

"목자님 계신가요?"

그녀는 숨을 헐떡이며 양 우리 벽에 기대어 호흡을 가다듬으려 애썼다.

파수꾼은 호기심 어린 눈으로 그녀를 쳐다보면서 말했다.

"아뇨, 그분은 양 떼들을 우리에게 맡기시고 밤에 떠나셨습니다. 자주 그러시듯이, 산에 올라가야 한다고 하시고, 언제 돌아오실지는 말씀하지 않으셨습니다."

겁쟁이는 말문이 막혔다. 마치 가슴이 터질 것 같았기 때문에 그녀는 신음을 토하며 손으로 가슴을 눌렀다. 이제 어떻게 해야 하나? 목자는 가 버렸다. 그는 그녀가 높은 곳으로 가고 싶어하지 않는다고 생각하고는 기다리지 않은 것이다. 겁쟁이는 절망감에 괴로워하며 떨리는 몸을 우리에 기대고는, 함께 산으로 가자고 청하던 목자의 얼굴과 인자한 모습을 떠올려 보았다.

그러자 그녀를 그렇게 잘 이해하고 그녀의 모든 두려움을 알며 긍휼히 여기는 분이, 그녀가 진심으로 함께 가지 않겠다고 결정했는지를 확인해 보지도 않고 그냥 떠나 버리지는 않았으리라는 생각이 들었다. 그녀는 눈을 들어 골짜기 너머 동쪽 산들과 높은 곳을 바라보았다. 한 줄기 희미한 빛이 동쪽에 비쳤고, 곧 동이 트리라는 것을 알았다. 갑자기 그녀가 읽었던 슬픈 노래의 마지막 구절이 떠올랐다. 그 구절은 때마침 곁에 있는 수풀에서 작은 새가 지저귀는 소리와 함께 그녀의 마음에 속삭임처럼 울려 퍼졌다.

그러다 내 마음에 사랑하는 자를
새벽에 보았네
그를 만나서 그를 붙잡고 그에게 말했네
결코 그를 떠나 보내지 않으리라고.
(아가 3:1−5 참조)

겁쟁이는 더 이상 떨지 않고 중얼거렸다.

"목자님과 매일 만나는 약속 장소로 가서 그분이 나를 기다리고 계신지 봐야겠어."

그녀는 파수꾼들에게 무슨 말을 남길 겨를도 없이 돌아서서 급히 남쪽으로 향하였고, 비겁쟁이를 만났던 들판을 지나 양에게 물을 먹이는 웅덩이로 걸음을 옮겼다. 자신이 다리를 전다는 것도 거의 잊은 채, 그녀는 멀리 보이는 웅덩이 주변의 나무를 향해 발걸음을 재촉했다.

산 위의 하늘이 붉게 물들 즈음에 작은 폭포에서 흘러내리는 물줄기의 즐거운 재잘거림이 들려 왔고, 서둘러 앞으로 나아가자 갑자기 겁쟁이의 가슴에서도 노래가 폭포수처럼 쏟아져 나왔다. 그가 있었다. 목자는 물웅덩이 가에 서서 그녀를 바라보고 있었는데, 햇빛이 그 얼굴을 비추고 있었다. 겁쟁이가 목자를 향해 가다가 넘어지자 그는 재빨리 곁으로 다가왔고, 그녀는 그 발 밑에 엎드려 울먹였다.

"오, 나의 주님, 말씀하신 대로 저를 데려가세요. 저를 놔두고 떠나지 마세요."

목자는 부드럽게 말했다.

"네가 올 줄 알았단다. 그런데 겁쟁이야, 왜 어젯밤에는 우리가 늘 만나는 곳에 오지 않았니? 내가 너의 집을 지나가는 소리를 못 들었니? 오늘 아침 동틀 때 나와 함께 출발할 준비를 하라고 말하려 했단다."

목자가 말할 때 해가 산꼭대기 위로 완전히 떠올라 목자와 겁쟁이를 아름다운 황금빛으로 물들였다.

여전히 목자의 발 앞에 무릎 꿇고 있는 겁쟁이가 말했다.

"전 여기 있어요. 목자님과 함께 어디든 가겠어요."

그러자 목자가 겁쟁이의 손을 잡았고 그들은 함께 산을 향해 출발했다.

4

높은 곳을 향하여 출발

화창한 이른 아침이었다. 골짜기는 아직 잠든 것 같았다. 들리는 소리라고는 흐르는 시냇물의 즐거운 웃음과 명랑하고 귀여운 새들의 노래뿐이었다. 풀잎에 맺힌 이슬은 영롱한 빛을 발했고 들꽃들은 작은 보석처럼 빛났다. 특히 야생 아네모네가 아름다웠는데, 뒤엉킨 가시덤불 사이로 자줏빛, 분홍빛, 진홍빛 아네모네들이 아름답고 작은 얼굴을 내밀고 목장 전체에 점점이 박혀 있었다. 이따금 목자와 겁쟁이는 융단처럼 깔린 수천 개의 작은 분홍빛과 연자줏빛 꽃송이들을 밟고 지나갔는데, 작은 꽃송이들이 함께 모여서 만든 눈부신 융단은 세상 어떤 왕궁에 있는 것보다도 화려했다.

목자는 허리를 굽혀 부드러운 손길로 꽃송이들을 만지며 미소를 띠고 겁쟁이에게 말했다.

"겸손하거라. 그러면 사랑이란 네 발 밑에 꽃 융단을 까는 거라는 걸 알게 될 거야."

겁쟁이는 진지하게 목자를 응시하면서 말했다.

"저는 종종 들꽃에 대해 궁금하게 여길 때가 있었어요. 아무도 보지 않고 염소와 소와 양이 지나갈 때 짓밟혀 죽는 곳에 이렇게 수없이 많은 꽃들이 피어 있다는 게 이상하게 여겨졌어요. 이 꽃들은 이렇게 아름답고 예뻐서 다른 이들에게 그 아름다움을 나눠 줄 수 있는데도 이 꽃들을 아껴 줄 이도 없고, 그 아름다움을 인정하거나 감사할 이조차 없잖아요."

그 말을 들은 목자는 겁쟁이를 향해 매우 아름다운 표정을 지었다.

"아버지와 내가 만든 것 중에 쓸모 없는 것은 하나도 없단다."

목자는 고요한 음성으로 말을 이었다.

"저 작은 들꽃들은 훌륭한 교훈을 주지. 저들은 자기의 가치를 인정해 주는 이가 없어도 매우 친절하고 용감하고 자발적으로 자신을 내준단다. 그 꽃들이 홀로 즐겁게 노래하듯이, 사랑하는 것은 더없이 행복하단다. 비록 사랑을 되돌려 받지 못한다 하더라도 말이야.

겁쟁이야, 아주 소수만 이해할 수 있는 위대한 진리를 말해 줄게. 인간 영혼에 있는 가장 고귀한 아름다움, 가장 위대한 승리, 가장 눈부신 성취는 모두, 다른 이들이 전혀 알지 못하거나 희미하게 추측할 수 있는 것뿐이란다. 사랑에 대해 인간 내면으로부터 화답하고, 자기 중심적인 사랑을 극복하는 것은 사랑의 나무에 피는 새로운 꽃과 같단다.

세상에 알려지지 않은 조용하고 평범하고 숨겨진 많은 이들의 삶은 사랑의 꽃이 피고 열매가 온전하게 맺히는 참된 정원이며, 사랑의 왕께서 그의 친구들과 함께 산책하시고 즐거워하시는 기쁨의 장소란다. 나의 종들 중에서 어떤 이들은 눈에 보이는 위대한 승리를 거두어 다른 이들로부터 합당한 사랑과 존경을 받기도 하지. 그러나 내 종들이 할 수 있는 가장 위대한 승리는 마치 이 들꽃들처럼, 다른 사람이 알지 못하는 것이란다. 겁쟁이야, 이 골짜기에서 이 교훈을 배워라. 그러면 네가 산비탈을 올라갈 때 위로가 될 거다."

그리고 목자는 덧붙였다.

"자, 새들이 다 즐겁게 노래하고 있으니, 우리도 함께 저 꽃송이들이 우리에게 주는 주제로 노래하자꾸나."

그래서 그들은 함께 강을 향해 골짜기를 내려가며 목자의 노래 책에 있는 옛 노래들 중의 하나를 한 구절씩 돌아가며 불렀다.

나는 사론의 장미요
야생 아네모네로구나
내 사랑은
가시나무 가운데 백합화 같구나

내가 보기에 내 사랑은
수풀 가운데 사과나무 같구나
내가 그 그늘에 앉고
그 실과는 내 기쁨이로구나

그가 나를 인도하여 그의 궁전에
연회장으로 들어갔으니
이는 모든 이 중에 가장 작은 나를
그의 위대함에 동참케 하려 함이라

오, 나를 돕고 위로하라
이는 내가 부끄러움으로 병이 났음이라
나는 그의 신부가 되기에 부족하고
그의 이름을 지니기에 부족함이라

딸들아 너희에게 부탁한다
너희 수풀 가운데 노루들아
내 사랑하는 잠든 자를 흔들지 말지니라
그분이 원하시는 만큼 나를 사랑하시도록.
(아가 2:1−4, 7 참조)

이 노래를 막 마치자, 그들은 쏜살같이 흘러가는 시냇물이 그들이 따라 걷던 길을 가로질러 폭포가 되어 떨어지는 곳에 이르렀다. 그 시냇물은 매우 빨리 흐르고 아주 큰 소리로 노래하고 있었기 때문에 주위 골짜기 전체가 그 웃음소리에 진동하는 것 같았다.

목자가 겁쟁이를 들어올려 미끄럽고 젖은 돌들을 건널 때 그녀는 말했다.

"저 시냇물이 뭐라고 노래하는지 정말 알고 싶어요. 가끔 고요한 한밤중에 자리에 누워 우리 집 앞마당을 흘러가는 작은 시냇물 소리를 듣는데, 아주 행복하고 열정적으로 들리고, 마치 너무나 아름답고 비밀스러운 메시지를 혼자 되풀이하고 있는 것 같았어요. 소리가 크고 분명하든지, 부드럽고 낮든지 간에, 모든 시냇물이 똑같은 노래를 부르는 것 같아요. 바닷물 소리와는 아주 달라요. 그렇지만 무슨 뜻인지는 모르겠어요. 저는 그 언어를 몰라요. 말씀해 주세요, 목자님. 시냇물이 빨리 흘러가면서 뭐라고 노래하는지 아세요?"

목자는 또다시 미소지었고, 둘은 작은 시냇물 가에 잠시 동안 서 있었다. 그 시냇물은 그들이 소리를 듣기 위해 멈추고 있는 것을 알기라도 하듯 더 크게, 더 즐겁게 소리 높였다. 그때 갑자기, 목자 옆에 있던 그녀의 귀와 이해력이 열리는 것 같았고 차츰차츰 시냇물의 말이 분명히 이해되었다. 그 것을 시냇물의 언어로 쓰는 것은 당연히 불가능하지만 최선을 다해서 번역해 보았다. 물론 이것은 매우 불완전한 것인데, 시냇물의 노래에 곡조를 붙일 수는 있다 하더라도 가사를 붙이는 것은 완전히 다른 문제이기 때문이다. 어쨌든 이런 가사였다.

〈시냇물의 노래〉

자, 어서! 멀리 가자.
매일 더 낮게, 더 낮게
가장 낮은 곳을 찾아
아래로 달리는 것이 얼마나 즐거운가.
우리가 아는 가장 귀한 법칙은 이것,
"아래로 내려가는 것은 행복하다."
가장 감미로운 갈망과 의지는 이것,
"더욱더 낮게 내려가자."
밤낮 우리를 부르는 소리를 들으라,
우리를 먼 곳으로 부르는.
그래서 우리는 높은 곳에서 뛰어 흘러 내려가
저 아래 골짜기로 내려간다.
항상 우리를 부르는 소리에 응답하며
그 어디보다 가장 낮은 곳으로 내려간다.
가장 즐거운 흥분과 가장 즐거운 고통은
낮은 곳으로 내려가 다시 오르는 것.

잠시 동안 시냇물의 노래를 귀기울여 들은 겁쟁이는 말했다.
"이 노래는 참 이상하네요."
그 노래는 계속 반복되는 후렴으로 되어 있었으며 졸졸 흐르는 소리, 돌

돌 흐르는 소리, 첨벙거리는 소리 등 수천 가지로 조금씩 변주될 뿐이었다.

"시냇물은 '더 낮게 내려가자'고 아주 즐겁게 노래하는 것 같아요. 가장 낮은 곳으로 급히 내려가고 있으니까요. 그렇지만 지금 목자님께서는 저를 높은 곳으로 인도하고 계신데, 이 노래는 무슨 의미죠?"

겁쟁이의 물음에 목자가 대답했다.

"높은 곳은 이 세상의 가장 낮은 곳으로 내려가는 여정의 출발점이란다. 네가 사슴의 발을 가져서 '산을 뛰어오르고 언덕에서 뛰어다닐 수 있게 되면,' 너도 나처럼 기쁘게 자기를 주며 높은 곳에서 뛰어 내려갔다가 다시 산으로 올라올 수 있단다. 너는 독수리보다 더 빨리 높은 곳으로 오를 수 있게 될 거야. 오직 온전한 사랑이 존재하는 높은 곳에서만, 온전한 자기 포기의 자세로 자신을 주며 자신을 쏟아 부을 수 있는 능력을 가질 수 있단다."

그 말은 매우 신비스럽고 이상했지만, 이제 귀가 열린 그녀는 시냇물의 노래를 이해하고, 길을 가로질러 흐르거나 길을 따라 흐르는 모든 작은 시냇물의 소리가 계속해서 반복되고 또 반복되는 것을 들었다. 들꽃들도 똑같은 종류의 노래를 부르고 있는 것 같았지만, 들꽃의 언어는 색깔의 언어라는 점이 달랐다. 그 언어도 시냇물의 언어와 마찬가지로, 생각이 아닌 마음으로 이해할 수 있는 것이었다. 들꽃들은 작은 합창을 하는 것 같았는데, 수천 수만 가지의 들꽃들이 각기 다른 색깔의 음조로 노래하고 있었다.

이것이 우리가 살아가는 삶의 법칙이라네.
주고 또 주는 것은 너무나 즐겁다네.

　모든 작은 새들도 하나의 짧은 주제를 짹짹거리고 지저귀며 경쾌하게 노래하고 있는 것 같았는데, 그것은 셀 수 없이 다양하게 변주되었지만 늘 한목소리로 합창하는 부분이 있었다.

날개 달린 공중의 모든 생명들의 기쁨은 이것,
사랑할 수 있는 것은 행복하다네.

　"골짜기가 이렇게 아름답고 노래로 가득하다는 것을 전에는 전혀 몰랐어요."
　겁쟁이가 불현듯 말했다. 목자는 웃음을 터뜨리며 대답했다.
　"오직 사랑만이 모든 피조물들의 가슴속에 심겨진 음악과 아름다움과 기쁨을 진실로 이해할 수 있지. 내가 이틀 전에 참사랑의 씨앗을 네 가슴속에 심은 것을 잊었니? 그로 인해 벌써 너는 전에 깨닫지 못했던 것을 듣고 보기 시작했단다. 겁쟁이야, 사랑이 네 안에서 자라 감에 따라 전에는 상상하지도 못했던 많은 것을 알게 될 거야. 너는 수많은 '알려지지 않은 언어'를 이해하는 은사를 갖게 될 것이고 사랑의 언어로 말하는 법을 배우게 되겠지만, 그 전에 먼저 사랑의 알파벳을 익혀야 하고 사슴의 발을 가져야 해.

이 두 가지는 네가 높은 곳을 향해 가는 동안에 배울 거야. 지금 우리는 강가에 서 있는데, 강 건너 산기슭이 시작되는 곳에서 기다리고 있는 두 안내자를 만나게 될 거야."

겁쟁이는 이렇게 빨리 강에 도착했고 벌써 산 가까이 왔다는 것이 신기하면서도 매우 좋았다. 목자가 팔로 부축하고 그 힘으로 떠받쳐 주었기 때문에, 자기가 다리를 전다는 사실을 까맣게 잊었고 피곤함이나 연약함도 느끼지 못했다. 아, 다른 두 안내자 대신 목자가 그녀를 산꼭대기까지 데려간다면 얼마나 좋을까.

그런 생각이 들자 그녀는 목자에게 애원하듯 말했다.

"목자님이 저를 끝까지 데려가 주시지 않겠어요? 목자님과 함께 있으면 저는 강해지는데… 그리고 오직 목자님만이 저를 높은 곳으로 데려갈 수 있다고 확신해요."

목자는 매우 친절하게 겁쟁이를 바라보면서 조용히 대답했다.

"겁쟁이야, 물론 네가 원하는 대로 할 수도 있단다. 네가 산을 오르도록 여기 남겨 두지 않고 내가 직접 높은 곳으로 데려갈 수도 있어. 하지만 그러면 너는 결코 사슴의 발을 가지고 나의 동반자가 되어 나와 함께 다니지 못할 거야. 만일 네가 이번 한 번만 내가 너를 위해 선택한 동반자들과 함께 높은 곳에 오른다면, 매우 길고 어떤 곳에서는 매우 힘든 여정이 되겠지만, 약속컨대 너는 사슴의 발을 갖게 될 거야. 그렇게 되면 나와 함께 '산을 뛰어다니거나' 눈 깜빡할 사이에 산을 오르내릴 수 있게 되지.

그리고 만일 내가 지금 즉시 너를 높은 곳으로 데려간다면 네 가슴속에는 아주 작은 사랑의 씨앗만 있기 때문에 너는 사랑의 왕국에서 살지 못할 거야. 그 왕국 바깥쪽의 그리 높지 않은 곳, 너의 대적들이 접근할 수 있는 곳에 머물러야 할걸.

알다시피, 너의 대적들 중 몇몇은 산의 낮은 곳까지 오르내릴 수 있단다. 산을 올라가는 동안 분명히 그들을 만나게 될 거야. 그래서 너를 위해 가장 강하고 훌륭한 안내자 둘을 선택했단다. 하지만 분명히 약속하는데, 네가 날 보지 못하더라도, 나는 단 한 순간도 너와 연락이 끊어지거나 네가 도움을 요청해도 오지 못할 곳에 있지 않을 거야. 비록 보이지는 않더라도 나는 너와 항상 함께 있는 것과 마찬가지란다. 지금 시작하는 이 여행을 통해 네가 사슴의 발을 갖게 될 거라고 확실히 약속하마."

가련한 겁쟁이는 떨리는 목소리로 물었다.

"제가 꼭대기에 올라가면 새 이름을 주실 거죠?"

갑자기 그녀는 귀가 멀어 주변의 음악을 듣지 못하고 다시 두려움과 불길한 예감에 사로잡힌 것 같았다.

"그래, 물론이지. 참사랑의 꽃이 네 가슴속에서 필 때가 되면, 너는 사랑을 돌려 받을 것이고 새 이름도 받게 될 거야."

목자가 대답했다.

겁쟁이는 다리 위에서 잠시 발걸음을 멈추고 목자와 함께 걸어온 길을 돌아보았다. 골짜기는 매우 푸르렀고 평화로워 보였지만, 그들이 서 있는 산기슭의 머리 위로 솟아 있는 산은 거인이나 위협적인 성벽 같아 보였다. 멀리 떨림의 마을을 둘러 서 있는 나무들이 보였다. 목자의 조수들이 행복하게 일하고 양 떼가 초장을 오가는 모습과 그녀가 살았던 평화롭고 작은 하얀 오두막집을 생각하자, 그녀는 갑자기 마음의 고통을 느꼈다.

그런 광경들이 눈앞에 떠오르자 눈에는 눈물이 솟았고 가슴속의 가시도 아려 왔지만, 그녀는 거의 그 즉시 목자에게로 얼굴을 돌리고 감사하는 마음으로 말했다.

"저는 목자님을 신뢰하고 목자님께서 원하시는 대로 행하겠어요."

그리고 나서 목자의 얼굴을 바라보자, 그는 매우 부드럽게 미소지으며 전에 한 적 없는 새로운 이야기를 했다.

"겁쟁이야, 네게는 정말 아름다운 것이 있는데, 바로 신뢰하는 눈이란다. 신뢰는 이 세상에서 가장 아름다운 것 가운데 하나이지. 너의 신뢰하는 눈을 보면 너는 수많은 아름다운 왕후들보다 더욱 아름답게 보인단다."

잠시 후, 그들은 다리를 건너 산기슭에 도착했는데, 그 곳에서부터 낮은 산등성이를 향하여 올라가기 시작하는 길이 있었다. 크고 둥근 돌들이 사방에 흩어져 있었는데, 갑자기 얼굴을 베일로 가린 두 여인이 길 한쪽 바위 위에 앉아 있는 것이 보였다. 목자와 겁쟁이가 가까이 다가가자 그 둘은 일어나 조용히 목자에게 고개 숙여 인사했다.

목자가 조용히 말했다.

"이들이 내가 너에게 약속한 두 안내자다. 이제부터 네가 가파르고 힘든 곳을 다 올라갈 때까지 너를 도와 주며 함께 할 것이다."

겁쟁이는 두려운 마음으로 그들을 바라보았다. 확실히 키가 크고 강인해 보였으나, 왜 베일을 쓰고 있을까? 무슨 이유 때문에 얼굴을 가리고 있을까? 더 가까이에서 오래 바라볼수록 겁쟁이는 더 겁이 났다. 그들은 매우 조용하고 강했으며, 불가사의하기까지 했다. 왜 아무 말도 하지 않을까? 왜 겁쟁이에게 다정한 인사의 말도 하지 않는 걸까?

겁쟁이는 목자에게 속삭였다.

"저들은 누구인가요? 이름이 무엇이며, 왜 제게 아무 말도 하지 않는지 가르쳐 주시겠어요? 벙어리인가요?"

목자는 아주 조용히 말했다.

"아니, 벙어리가 아니지만, 그들은 새로운 언어로 말한단다, 겁쟁이야. 산에서 쓰는 방언인데, 너는 아직 모르는 말이야. 하지만 함께 여행하다 보면 차차 그들의 말을 이해하게 될 거야. 그들은 참 훌륭한 교사란다. 내게 있는 교사들 중 이들처럼 훌륭한 교사는 거의 없지. 네가 사용하는 언어로 그들의 이름을 말해 줄게. 그들의 언어로 어떻게 불리는지는 나중에 알게 될 거야."

목자는 침묵하고 있는 두 여인 중 하나를 가리키며 말했다.

"저쪽은 슬픔이야. 그리고 또 다른 이는 슬픔과 쌍둥이 자매인 고통이고."

가련한 겁쟁이! 뺨은 창백해졌고 머리부터 발끝까지 떨기 시작했다. 그녀는 거의 쓰러질 것 같았기 때문에 목자에게 매달려 몸을 가누어야 했다.

"저는 그들과 함께 갈 수 없어요."

겁쟁이는 헐떡이며 말했다.

"그럴 수 없어요! 못해요! 아, 내 주 목자님, 제게 왜 이러시는 거죠? 어떻게 제가 그들과 함께 갈 수 있겠어요? 저는 견딜 수 없어요. 저 산길은 너무 가파르고 험해서 저 혼자서는 오를 수 없다고 말씀하셨잖아요. 그러시고는 왜 슬픔과 고통이 저의 동반자가 되게 하시는 거예요? 기쁨과 평화가 제 동반자가 되게 하셔서 힘들 때 제게 힘을 주고 격려하고 돕게 하실 수는 없으셨나요? 목자님께서 이러시리라고는 생각도 못했어요!"

그리고서 눈물을 터뜨렸다.

목자는 그 말을 듣자 잠시 난처한 얼굴을 하고는, 베일로 얼굴을 가린 여인들을 바라보면서 매우 온유하게 대답했다.

"기쁨과 평화라고? 그들을 동반자로 선택하겠느냐? 그런데, 네가 약속한 것을 기억하니? 내가 너를 위해 최선의 안내자를 선택할 거라고 믿기 때문에 내가 붙여 줄 조력자들을 받아들이겠다고 했었지. 계속 나를 신뢰하겠니, 겁쟁이야? 저들과 함께 가겠느냐, 아니면 골짜기에 있는 네 두려움 일가의 친척들과 비겁쟁이에게 돌아가겠느냐?"

겁쟁이는 몸서리쳤다. 소름끼치는 선택이었다. 두려움에 대해서는 매우 잘 알고 있는 그녀였지만, 언제나 가장 힘들었던 것은 슬픔과 고통을 만날 때였다. 그런데 어떻게 그들과 함께 길을 가며 자신을 그들의 힘과 통제하에 맡길 수 있단 말인가? 불가능한 일이었다. 그러나 그렇게 생각하면서 목자를 바라보았을 때, 갑자기 그녀는 목자를 의심할 수가 없으며 그를 따르지 않을 수 없다는 생각이 들었다. 설령 그녀가 결함이 있고 이 세상의 그 누구도 사랑하지 못한다 할지라도, 비록 두려움에 떨고 있는 비참한 작은 가슴일지라도, 그녀는 진심으로 목자를 사랑했다. 만일 목자가 불가능한 일을 요구해도 그녀는 거부할 수 없었으리라.

애처롭게 목자를 바라보던 겁쟁이가 말했다.

"돌아가고 싶냐고요? 아! 목자님, 제가 누구에게 가겠어요? 저에겐 이 세상에 오직 목자님밖에 없습니다. 불가능하게 보일지라도, 제가 목자님을 따를 수 있도록 도와 주세요. 목자님을 사랑하기 원하는 만큼 목자님을 신뢰할 수 있게 도와 주세요."

그 말을 들은 목자는 갑자기 고개를 들고 웃음을 터뜨렸다. 환희와 승리감과 기쁨으로 가득 찬 웃음이었다. 그 소리는 그들이 서 있는 작은 계곡의 암벽에 반향을 일으키며 울려 퍼져서 잠시 후에는 마치 산 전체가 그와 함께 웃음을 터뜨리는 듯했다. 그 메아리는 더 높이 높이 튀어 올라 이 바위에서 저 바위로, 이 바위산에서 저 바위산으로 도약했고, 마침내 가장 높은 산꼭대기까지 이르러서 희미한 마지막 메아리가 천국으로 빨려 들어가는 것 같았다.

마지막 여운까지 다 사라져 고요해지자, 목자는 매우 부드러운 목소리로 말했다.

"나의 사랑하는 자는 어여뻐서 아무 흠이 없구나(아가 4:7)."

그리고 말을 이었다.

"두려워 말아라, 겁쟁이야, 단지 믿기만 해라. 약속하건대, 너는 수치를 당하지 않을 거다. 슬픔과 고통과 함께 가도록 하고, 만일 지금 당장 그들을 환영하고 받아들이기 어렵다면, 네가 혼자 감당하기 어려운 힘든 곳에 있을 때에라도 그들의 손을 꼭 잡으렴. 그러면 그들이 너를 이끌어서 정확히 가야 할 곳으로 데려다 줄 거야."

겁쟁이는 매우 행복하고 즐거워 보이는 목자의 얼굴을 올려다보며 그저 가만히 서 있었다. 그는 구원하고 자유케 하는 일을 그 무엇보다도 기뻐하는 분이셨다. 그 순간, 그녀의 마음속에서는 목자의 다른 제자가 쓴 찬송가의 가사가 울려 퍼졌고 그녀는 부드럽고 달콤하게 노래하기 시작했다.

아무리 슬픔과 비탄과 고통이 몰려 와도
그들은 당신이 보낸 사랑스러운 메신저
그 일이 내 안에서 온전히 이루어질 때
내 구주 예수를 더욱 사랑
더욱 사랑 더욱 사랑.

그러면서 겁쟁이는 생각했다.

'나 이전에 다른 사람들도 이 길을 걸었고, 나중에 그것에 대해 노래하기까지 했어. 목자님께서는 제자들을 모든 두려움에서 건져내어 높은 곳으로 데려가기를 기뻐하시는 분이 확실하니, 내가 비록 연약하고 겁이 많다 해도 이처럼 강하고 친절하신 분이 내게는 신실치 않으시고, 은혜를 베풀지 않으실 리 없어.'

이와 동시에, 새로운 안내자들과 함께 더 빨리 출발할수록 그 영광스러운 높은 곳에 더 빨리 도달하리라는 생각이 들었다.

그녀는 베일을 쓴 두 사람을 바라보며 다가가서, 전에는 결코 갖지 못했던 용기를 내어 말했다.

"너희들과 함께 가겠어. 길을 인도해 줘."

그때까지도 그녀는 그들의 손을 잡지 못했다.

목자는 또다시 소리내어 웃으며 밝은 음성으로 말했다.

"나의 평안을 너에게 준다. 너로 인하여 내 기쁨이 충만하구나. 내가 네게 한 맹세를 기억하렴. 내가 너를 이 산꼭대기의 높은 곳으로 데려갈 것이고 너는 부끄러움을 당하지 않을 것이며, 이제 '날이 새고 그림자가 갈 때까지 나는 산에서의 노루와 어린 사슴 같을 것이다' (아가 2:17)."

그리고 나서 겁쟁이가 무슨 일인지 알아채기도 전에, 목자는 길가에 있는 큰 바위 위로 뛰어올랐고 그 바위에서 다른 바위로, 거기서 또 다른 바위로 뛰어 올라갔는데, 겁쟁이가 눈으로 따라잡을 수도 없을 만큼 빨랐다.

그는 산을 뛰어오르며 그들 눈앞에서 높이, 더 높이 계속 도약하여 순식간에 사라져 버렸다.

목자가 사라지자 겁쟁이와 그녀의 새로운 두 동반자는 산언덕을 오르기 시작했다. 만일 누군가가 그 광경을 보았다면 기이하게 여겼으리라. 절뚝거리며 높은 곳을 향해 여행을 시작한 겁쟁이는 베일을 쓴 두 동반자를 피하여 그들로부터 최대한 떨어져 있었고, 그들이 내민 손을 못 본 척했다. 그러나 그 광경을 보고 있던 이는 아무도 없었는데, 사슴의 발을 갖는 것은 비밀스러운 과정이며, 어떤 구경꾼도 있어서는 안되기 때문이었다.

5

교만을 만남

산을 오르는 오르막길은 시작부터 겁쟁이가 스스로 감당할 수 있으리라고 생각했던 것보다 더 가팔랐기 때문에, 오래지 않아 동반자들의 도움을 구할 수밖에 없었다. 어쩔 수 없이 슬픔이나 고통의 손을 잡을 때마다 가슴을 저미는 것 같은 아픔이 느껴졌지만, 그들이 매우 강하다는 것을 알 수 있었으며, 혼자서는 도저히 접근이 불가능한 곳을 지나갈 때면 그들이 겁쟁이를 끌어당기거나 심지어는 들어올려 주기도 했다. 아무리 강하고 잘 넘어지지 않는 사람이라도 그들의 도움이 없다면 그런 험한 곳은 지나가지 못할 것이다.

오래지 않아, 그녀는 다른 면에서도 그들의 도움이 절실히 필요하다는 것을 알게 되었다. 가파른 곳을 오르는 일이나 다리를 절고 연약하다는 사실만이 여행의 힘든 요소는 아니었던 것이다. 겁쟁이에게 놀랍고도 괴로운 일은, 그녀가 혼자 있었더라면 분명히 그녀를 되돌아가게 만들 수 있는 원수들을 도중에서 만난다는 사실이었다.

이를 설명하려면 우리는 지금 수치의 골짜기로 돌아가서 무슨 일이 일어났는지 알아보아야 한다. 겁쟁이가 골짜기에서 탈출하여 자기들이 그렇게도 싫어하는 목자와 함께 산으로 떠났다는 것을 안 두려움 일가는 매우 분노하고 대경실색했다. 그녀가 못생기고 다리를 저는 불쌍하고 보잘것없는 겁쟁이일 때, 친척들은 그녀에게 전혀 관심을 쏟지 않았다. 그런데 그들 중에서 그녀만이 구별되어 높은 곳에 살게 된다는 것은 도저히 참을 수 없는 일이었다. 그냥 놔둔다면 겁쟁이는 위대한 왕의 궁전에서 일하게 될 것이다.

나머지 친척들은 수치의 골짜기에서 지긋지긋하게 살고 있는데, 도대체 겁쟁이 그녀에게 어떻게 이런 일이 일어나는가? 하지만 그들이 산에 가고 싶어한 것은 결코 아니었으며, 다만 겁쟁이가 그렇게 된다는 것이 참을 수 없을 뿐이었다.

그래서 보잘것없는 존재였던 겁쟁이는 이제 갑자기 친척들의 관심과 생각의 중심 인물이 되었다. 두려움 일가의 직계 친척뿐만 아니라 먼 친척들까지 이 문제에 관심을 가졌다. 사실, 왕의 종들을 제외한 골짜기의 모든 사람들이 겁쟁이가 떠난 것에 대해 분개했고, 어떤 방법으로든 그녀를 돌아오도록 해서 그들이 미워하는 목자의 성공적인 도둑질을 무산시켜야 한다고 결론지었다.

유력한 친척들 가운데서 활발한 토의가 이루어졌고, 겁쟁이를 납치하여 다시 골짜기로 데려와 영원히 종으로 삼을 가장 효과적인 수단과 방법을 토론했다. 마침내, 그녀를 강제로 데려오기 위해서는 가능한 한 빨리 누군가를 보내야 한다는 데 의견이 일치했다. 그러나 숨길 수 없는 사실은, 겁쟁이가 목자장의 보호를 받고 있기 때문에 무력 사용이 불가능하리라는 것이었다. 따라서 그녀를 꾀어서 스스로 그를 떠나게 해야 했다. 어떡해야 그럴 수 있을까?

결국 만장일치로 먼 친척이 되는 교만을 보내기로 결정했다. 그가 선택된 데는 몇 가지 이유가 있었다. 우선, 그는 강하고 힘셀 뿐 아니라 잘생겼으며, 마음만 먹으면 굉장히 매력적일 수 있는 청년이었다. 다른 방법이 실패하면, 아무 주저 없이 자신의 매력을 최대한 이용해 겁쟁이를 유혹하여 목자를 떠나게 할 것이라는 점이 특히 강점으로 여겨졌다.

게다가 이 젊은이는 천성적으로 매우 오만하기 때문에 어떤 떠맡은 일에 대하여 실패하거나 성공하지 못하는 것을 용납하지 않고, 목적을 달성할 때까지 포기하지 않는다는 사실이 널리 알려져 있었다. 실패를 인정하고 겁쟁이를 데려오지 못하는 것은 교만에게 있을 수 없는 일임을 모든 사람들이 잘 알고 있었다. 그래서 교만이 그 임무를 맡기로 승낙하자, 모두들 그 문제는 해결된 것이나 다름없다고 생각했다.

그리하여 느리지만 꾸준하게 길을 가고 있던 겁쟁이와 두 동반자가 함께 여행한 지 며칠 안된 어느 날 아침, 돌이 깔린 험하고 좁은 길모퉁이를 막 돌아섰을 때, 교만이 자기들 쪽으로 성큼성큼 걸어오는 것을 보았다. 그녀는 예상치 못한 그의 출현에 분명히 놀라고 당황했지만, 심하게 긴장하지는 않았다. 교만은 항상 그녀의 존재마저도 경멸하고 무시해 왔기 때문에, 처음에 겁쟁이는 교만이 여느 때처럼 오만한 태도로 지나칠 것이며, 자기에게 말을 걸리라고는 생각지도 않았던 것이다.

모습을 나타내기 몇 시간 전부터 조심스럽게 겁쟁이 일행을 감시했던 교만은, 비록 겁쟁이가 강한 동반자 두 명의 보호 아래서 여행하고 있긴 하지만, 분명히 목자와는 함께 있지 않은 것을 보고는 기뻤다. 그래서 그는 매우 당당하면서도 가장 상냥한 자세로 그녀에게 다가갔다. 그리고는 마주치자 먼저 인사를 건네어 그녀를 깜짝 놀라게 했다.

"후유, 겁쟁이, 드디어 만났구나. 너를 따라잡느라고 정말 힘들었다."

"안녕, 교만?"

어수룩한 겁쟁이는 인사했다. 인사는 물론이고, 골짜기에서 온 친척을 만나 멈추어 서서 이야기하는 것은 더더욱 하지 말아야 할 어리석은 행동이었다. 그러나 몇 년 동안 냉대와 무시를 당하다가 동등하게 대우받고 인사를 받으니 기분이 좋을 뿐 아니라 호기심도 생겼다. 물론 상대가 저 끔찍하고 혐오스러운 비겁쟁이였다면, 어림도 없는 일이었다.

"겁쟁이야."

교만은 진지하게 말하면서 부드럽고 다정하게 그녀의 손을 잡았다.(길이 그리 가파르지 않아서 그녀가 슬픔과 고통의 손을 잡지 않고 있었기 때문에 그럴 수 있었다.)

"나는 너를 도우려고 일부러 길을 나선 거란다. 제발 내 말을 주의해서 잘 듣고, 내가 너를 도울 수 있게 해주렴. 사랑하는 겁쟁이야, 너는 이 이상한 여행을 그만두고 나와 함께 골짜기로 돌아가야 해. 넌 지금 자신이 어떤 상황에 빠져 있는지, 너의 미래가 얼마나 무시무시한지 모르고 있어. 너를 꼬드겨서, 이 말도 안되는 여행을 시작하게 한 사람이(교만은 목자의 이름을 차마 입에 올릴 수도 없었다) 다른 힘없는 희생자들도 너와 똑같은 방법으로 꼬드겼다는 것은 잘 알려져 있는 사실이야. 겁쟁이야, 네가 계속해서 앞으로 나가면 어떻게 될지 아니? 너를 왕국에 데려가고 영원히 행복하게 살게 한다던 멋진 약속들은 모두 거짓말임이 드러날 거야. 그는 너를 이 산의 황량하고 황폐한 곳으로 데려간 뒤 완전히 버릴 거고, 너는 영원토록 수치를 당할 거야."

가련한 겁쟁이는 교만이 잡은 손을 빼내려 애썼다. 그가 여기에 온 이유와 목자에 대한 그의 철두철미한 증오를 그제야 알게 되었기 때문이다. 그러나 그녀가 손을 빼려 애쓰면 애쓸수록 그는 더 꼭 붙잡았다. 한번 교만의 말에 귀를 기울이면 아무리 애를 쓰더라도 떨쳐 내기 어렵다는 것을 알았어야 했다. 그녀는 그의 말이 싫었지만, 교만이 손을 붙잡고 있을 때는 그 말이 그럴듯하고 진실하게 들리는 위력이 있었다.

겁쟁이의 마음 깊은 곳에서도 교만이 말한 것 같은 생각이 종종 치솟곤 하지 않았는가? 목자가 그녀를 버리지는 않는다 하더라도(그녀는 결코 그렇게 생각하지 않았다), 슬픔과 고통을 동반자로 준 분이니(물론 그녀 영혼의 유익을 위해서겠지만) 그녀가 모든 일가친척들 앞에서 부끄러움을 당하는 것도 허락할 수 있지 않을까? 지금 조롱받을 위험을 자청하고 있는 것이 아닐까? 목자가 그녀에게 무슨 일을 겪게 할지 누가 알겠는가?(그녀의 궁극적인 유익을 위해서라 하더라도 도저히 견디기 힘든 그런 일인지.)

겁쟁이는 교만에게 손을 잡히는 것은 무서운 일이라는 사실을 갑자기 깨달았다. 그의 제안들은 놀랍도록 강력했고, 그 접촉을 통해서 교만은 거의 저항할 수 없는 힘으로 강요했다.

"돌아가자, 겁쟁이야."

그는 열렬히 재촉했다.

"너무 늦기 전에 포기해. 네 마음 깊은 곳에서는 내 말이 진실이고, 모든 사람 앞에서 네가 부끄러움을 당하리라는 걸 알고 있어. 아직 시간이 있을 때에 포기하렴. 높은 곳에서 산다는 거짓 약속에 네가 값을 지불할 가치가 있단 말야? 지어낸 이야기에 불과한 저 위의 왕국에서 도대체 뭘 찾으려는 거니?"

자기 의지와는 정반대로, 교만의 손아귀에 힘없이 붙잡혀 있다는 생각 때문에 그녀는 하는 수 없이 억지로 말했다.

"나는 사랑의 왕국을 찾고 있어.".

그 목소리는 힘이 없었다.

"그럴 거라고 생각했어."

교만은 비웃으며 말을 이었다.

"네 마음이 소망하는 것을 추구한다 이거지? 자 겁쟁이야, 이제 좀 제정신을 차리고 자신에게 솔직하게 질문해 보라구. 네가 그렇게도 추하고 보기 흉하니까 골짜기의 사람들조차 아무도 너를 사랑하지 않잖니? 그것은 엄연한 진실이야. 그런데 흠 없는 아름다움과 완전함만 받아들인다는 사랑의 왕국에서 널 환영할 것 같아? 네가 찾고 있는 것을 발견할 거라고 정말 기대할 수 있단 말야? 그렇지 않아. 다시 말하지만, 너 자신도 이미 그 사실을 알고 있어. 그러니 최소한 자신에게 정직하고, 허황한 꿈은 포기하라구. 너무 늦기 전에 나와 함께 돌아가자."

가련한 겁쟁이! 돌아가자는 재촉에 저항하기는 어려웠지만, 교만에게 붙잡혀 있는 동안 그가 하는 말 한마디 한마디가 무서운 진실처럼 여겨지면서도, 그녀 마음속에는 목자의 얼굴이 떠올랐다. 그녀는 목자가 자신에게 약속했을 때의 표정을 기억해 보았다.

"내 자신에게 맹세하거니와 나는 너를 거기로 데려갈 것이고, 너는 결코 부끄러움을 당하지 않을 거야."

그러자 마치 목자가 부드럽게 반복하는 말을 다시 듣는 것 같았고, 어렴풋하면서도 찬란한 환상을 보는 듯했다.

보라 내 사랑 너는 어여쁘고 어여쁘다 네 눈이 비둘기 같구나
나의 사랑 너는 순전히 어여뻐서 아무 흠이 없구나.

교만이 무슨 일인지 미처 깨닫기도 전에, 겁쟁이는 필사적으로 산을 향해 부르짖었다.

"제게 와 주세요, 목자님! 빨리 오세요! 지체하지 마세요, 오 내 주님."

돌이 흩어지는 소리와 펄쩍 뛰는 소리가 들리더니, 순식간에 목자가 그들 곁에 나타났다. 그 얼굴은 바라보기도 무서웠으며 목자의 막대기는 머리 위로 높이 들려 있었다. 막대기로 단 한 번 내려치자, 교만은 그렇게 꼭 잡고 있던 겁쟁이의 손을 놓고는 줄행랑쳐 길을 내려가더니, 돌에 미끄러지고 넘어지면서 순식간에 모퉁이를 돌아서 사라져 버렸다.

"겁쟁이야."

목자는 온유하면서도 나무라는 어조로 말했다.

"왜 교만이 다가와서 네 손을 잡도록 했느냐? 만일 너를 돕는 두 사람의 손을 잡고 있었다면 이런 일은 절대로 일어나지 않았을 것이다."

겁쟁이는 처음으로 두 동반자에게 자발적으로 손을 내밀었고, 그들이 그녀의 손을 꼭 잡자 이제까지 한번도 경험해 본 적 없는 큰 고통과 슬픔이 몰려 왔다.

이렇게 그녀는 산으로 올라가는 여정 중 첫 번째 중요한 교훈을 배웠다. 멈추어 서서 교만과 타협하려 하거나 그의 악한 제안에 귀를 기울이고, 특

히 교만이 어딘가를 붙잡게 놔두면, 나중에는 말할 수 없이 고통스럽고 견딜 수 없는 슬픔을 겪게 되며 마음의 고뇌가 더하게 된다는 것이었다. 게다가, 한동안 그녀는 골짜기를 떠난 이후 가장 고통스러운 걸음을 걸었다. 그녀가 목자에게 도움을 요청할 때 교만이 그녀의 발을 짓밟아서 그전보다 더 절뚝거리고 아팠기 때문이다.

6

사막으로의 우회

교만을 만난 후, 겁쟁이와 두 동반자는 계속 길을 갔지만, 겁쟁이가 이전보다 더 고통스럽게 절뚝거렸기 때문에 일행은 천천히 움직일 수밖에 없었다. 그러나 그녀는 두 안내자의 도움을 그전보다 훨씬 더 자발적으로 받아들이게 되었고, 교만과 만났던 사건의 영향도 차츰 사라져서 조금씩 더 빨리 전진할 수 있게 되었다.

그러던 어느 날, 한 길모퉁이를 돌았을 때 겁쟁이는 깜짝 놀라 경악을 금치 못했다. 그들 아래에 거대한 광야가 펼쳐져 있었던 것이다. 눈앞에 보이는 것은 온통 사막과 끝없는 모래 언덕뿐이었으며, 나무 한 그루 보이지 않았다. 우뚝 서 있는 이상한 피라미드만이 단조로운 사막의 풍경을 깨뜨리고 있었다. 모래 언덕 위에 솟아 있는 피라미드는 오랜 세월 동안 빛 바래고 황폐해져서 으스스했다. 겁쟁이가 더욱 두려웠던 것은, 두 안내자가 가파른 내리막길로 내려가 아래로 가려 했기 때문이었다.

꼼짝 않고 서 있던 겁쟁이는 그들에게 말했다.

"거기로 가면 안돼. 목자님은 나를 높은 곳으로 부르셨어. 우리는 위로 올라가는 길을 찾아야 해. 절대 내려가면 안 돼."

그러나 그들은 그녀에게 사막으로 내려가는 길로 따라와야 한다는 신호를 보냈다.

겁쟁이는 좌우를 둘러보았으나 믿기지 않는 상황이었다. 위로 올라갈 수 있는 길이 어디에도 없었던 것이다. 그들이 서 있는 언덕은 갑자기 절벽이 되어 끝나 버렸고 그들 주위로는 험한 낭떠러지가 사방을 벽처럼 둘러싸고 있어서 발을 디딜 곳도 전혀 없었다.

"나는 그리 내려갈 수 없어."

겁쟁이는 충격과 두려움에 질려 숨을 헐떡였다.

"그분 뜻일 리가 없어. 절대로! 그분은 나를 높은 곳으로 부르셨단 말야. 이건 그분이 약속하신 모든 것과 정반대야."

그리고 나서 그녀는 필사적으로 소리 높여 외쳤다.

"목자님, 제게 와 주세요. 오, 목자님이 필요합니다. 와서 저를 도와 주세요."

순식간에 목자가 나타나 그녀 곁에 서 있었다.

"목자님."

그녀는 절망적으로 말했다.

"저는 이해할 수 없어요. 목자님께서 보내 주신 안내자들은 제가 사막으로 내려가야 한대요. 높은 곳과는 정반대 방향으로 말이에요. 목자님의 뜻은 그게 아니잖아요, 그렇죠? 목자님께서는 스스로 모순될 수 없는 분이시니까요. 우리는 거기로 가지 않을 거라고 안내자들에게 말씀해 주시고 다른 길을 보여 주세요. 목자님, 목자님께서 약속하신 길로 갈 수 있게 해주세요."

목자는 그녀를 바라보며 매우 부드럽게 대답했다.

"그게 바로 네가 가야 할 길이란다, 겁쟁이야. 너는 그 곳으로 내려가야 돼."

"오, 안돼요."

그녀는 울부짖었다.

"그럴 리 없어요. 제가 목자님을 신뢰한다면 높은 곳으로 데려가겠다고 하셨는데, 저건 높은 곳에서 멀어지는 길이에요. 목자님께서 약속하신 모든 것과 반대잖아요."

"아니야."

목자는 말했다.

"반대되는 게 아니란다. 단지 가장 좋은 것을 위해 좀 지연될 뿐이란다."

겁쟁이는 가슴을 칼로 도려내는 것 같은 아픔을 느꼈다. 그리고 쉽사리 믿지 못하며 말했다.

"계속 황무지로 뻗어 있는 저 길로 내려가서 사막을 지나 산에서 무한정 멀어져야 하는 것이 정말 목자님의 뜻이란 말인가요? 왜죠? (그녀의 목소리에는 고뇌의 흐느낌이 섞여 있었다.) 저 길이 다시 산으로 향하기까지는 몇 달이 걸릴 수도 있고, 몇 년이 걸릴 수도 있어요. 오 목자님, 무한정 연기된다는 거예요?"

목자가 조용히 고개를 끄덕이자 겁쟁이는 그 발 앞에 쓰러져 무릎 꿇고는 거의 탈진 상태에 빠졌다. 그는 그녀를 그 마음의 소망으로부터 더 멀어지게 하고 있었고 언제 돌아올 수 있다는 약속도 하지 않았다. 끝없이 펼쳐진 사막을 바라보니 유일하게 보이는 길이라고는 높은 곳에서 점점 더 멀어지는 것뿐이었고 천지는 온통 사막이었다.

목자는 매우 조용히 대답했다.

"겁쟁이야, 약속이 지연되고 정말 모순된 것처럼 보이더라도, 나와 함께 사막으로 내려갈 수 있을 만큼 나를 사랑하느냐?"

겁쟁이는 여전히 목자의 발치에 쭈그리고 앉아 가슴이 터져라 울고 있었지만, 이제 그녀는 글썽거리는 눈물 너머로 목자를 올려다보면서 그의 손을 잡고 떨리는 목소리로 말했다.

"진실로 목자님을 사랑합니다. 제가 목자님을 사랑한다는 것을 목자님께서 아십니다. 아, 눈물을 참을 수 없는 것을 용서해 주세요. 정말 원하신다면, 약속에서 멀어지더라도 목자님과 함께 사막으로 내려가겠어요. 왜 그래야 하는지 말씀해 주시지 않아도 함께 가겠어요. 목자님께서 아시듯이, 저는 목자님을 사랑하고, 목자님께선 저를 위해 기뻐하시는 뜻대로 선택할 권리가 있으시니까요."

아주 이른 새벽, 조용히 펼쳐진 사막 위 하늘에는 초승달이 떠 있고 바로 그 옆에는 샛별이 화려한 보석처럼 빛나고 있었다. 거기서 겁쟁이는 울퉁불퉁한 돌무더기를 쌓아 산에서의 첫 번째 제단을 세웠다. 목자가 바로 곁에 서 있었고 그녀는 자신의 요동하고 반역하는 의지를 그 제단 위에 내려놓았다. 어디서부터인가 활활 타는 작은 불꽃이 내려와 제단 위에는 순식간에 잿더미만 남게 되었다. 그러나 정확히 말하면, 처음에 그녀가 재만 남았다고 생각한 것이었다. 목자가 그녀에게 제단을 더 자세히 살펴보라고 해서 보니 재 사이에 짙은 색의 평범한 작은 조약돌이 있었다.

"그것을 꺼내 가지렴. 네가 쌓은 이 제단과 이 제단이 상징하는 모든 것의 기념물이란다."

목자가 부드럽게 말했다.

겁쟁이는 마지못해 재 속에서 돌을 꺼내면서, 이 제단을 기억나게 할 물건은 일생 동안 필요하지 않을 거라고 생각했다. 이 제단이나 처음 순복할 때의 고뇌를 어떻게 잊을 수 있을까? 어쨌든 그녀는 조약돌을 목자가 준 자그마한 주머니에 넣어 조심스레 간직해 두었다.

그런 후 그들은 사막으로 내려가기 시작했다. 겁쟁이는 첫발을 내딛으면서 너무나 달콤한 기쁨과 안도감에 감격했다. 목자가 친히 자기 일행과 함께 내려간다는 것을 알았기 때문이었다. 슬픔과 고통만이 그녀의 동반자가 아니라 목자도 함께였다. 그녀가 길을 내려가기 시작할 때 목자는 겁쟁이가 한 번도 들어 본 적이 없는 노래를 부르기 시작했는데, 그 노래는 무척 감미로웠고 그녀의 마음을 위로해 주었기 때문에 어느덧 겁쟁이의 아픔이 사라지기 시작했다. 자신의 소망이 연기되어야만 하는 이 이상한 상황에 대한 이유를 적어도 부분적으로나마 설명해 주는 듯한 노래였다. 목자가 부른 노래는 이것이다.

〈잠근 동산〉

내 사랑아 너는 잠근 동산이로구나
아무도 그 동산에서 너의 과실을 맛볼 수 없구나
너는 덮은 우물이요 봉한 샘이로구나
아무도 들어가지 못하는 과수원이로구나
북풍아 일어나라! 남풍아 오라!
나의 동산에 살랑살랑 불어와
모든 향기를 날려
공기 중에 모든 향수를 뿌린 듯이 하라.
(아가 4:12-16 참조)

일행은 놀라울 정도로 빨리 사막에 도착했다. 왜냐하면 길이 매우 가파르긴 했어도 겁쟁이가 목자에게 의지하고 있어서 자신의 연약함을 전혀 느끼지 않았기 때문이다. 그 날 저녁, 그들은 저녁 빛 속에서 희미하게 보이는 모래 언덕 위를 걸어서 한 거대한 피라미드의 그늘 부분에 지어져 있는 오두막집들로 다가갔다. 그들이 밤에 휴식을 취할 곳이었다. 해질녘이 되어 사막의 서쪽 하늘이 불붙은 듯 붉게 타오를 때, 목자는 겁쟁이를 오두막에서 데리고 나와 피라미드 아래로 갔다.

"겁쟁이야, 내 종들은 모두 높은 곳을 향하여 가는 도중에 사막으로 돌아서 가야 했단다. 이를 가리켜 '애굽의 풀무, 큰 흑암의 두려움' (창 15:12, 17)이라고 말하지. 그들은 여기서, 이곳에서가 아니면 전혀 알지 못했을 많은 것들을 배웠단다. 아브라함은 나의 종들 중 처음으로 여기 왔었지. 그가 처음 올려다보았을 때, 이 피라미드는 오랜 세월로 인해 빛 바래 있었단다. 그 다음에 요셉이 눈물을 흘리며 고뇌하는 마음으로 왔었단다. 그리고 이 피라미드를 보며 불 풀무의 교훈을 배웠지. 그 이후로 내 백성들이 끊임없는 행렬을 이루어 이 길을 지나갔단다. 그들은 왕족의 비밀을 배우러 왔었지. 그리고 이제 네가 여기 있구나, 겁쟁이야. 너도 그것을 계승하는 거야. 이것은 대단한 특권이고, 만일 네가 원한다면 네 앞서간 사람들이 그랬던 것처럼 너도 풀무와 큰 흑암의 교훈을 배울 수 있단다. 풀무로 내려왔던 사람들은 나중에 왕족으로 변화되어 나갔단다. 왕가의 왕자와 공주가 된 거지."

겁쟁이는 우뚝 솟아 있는 피라미드를 올려다보았다. 피라미드는 황혼 무렵의 하늘을 배경으로 흐릿하고 어둠침침해 보였고, 황량한 사막 때문에 쓸쓸해 보였지만, 그녀에게는 지금까지 본 어떤 것보다도 장엄해 보였다.

그런데 갑자기 사막이 사람들로 가득 찼다. 사람들이 끝없이 긴 행렬을 이루고 있었는데, 그 중에는 처음으로 낯선 땅에서 외로운 방랑객이 되었던 아브라함과 그의 아내 사라도 있었다. 거기에는 형제들에게 배반당하고 상처받고 노예로 팔려 가, 보이는 것이라곤 낯선 피라미드밖에 없는 곳에서 아버지의 장막을 그리며 울었을 요셉도 있었다. 그리고 사람들이 계속 이어져 아무도 셀 수 없는 거대한 무리가 끝없이 긴 줄을 만들며 사막 전체에 늘어섰다. 줄 제일 끝에 서 있는 사람이 그녀에게 손을 내밀었고, 그 손을 잡자 그녀도 어마어마하게 긴 고리에 포함되었다. 그때 그녀의 귀에 아주 분명하게 들리는 말씀이 있었다.

"겁쟁이야, 애굽으로 내려가기를 두려워 말라. 내가 거기서 너로 큰 민족을 이루게 하리라. 내가 너와 함께 애굽으로 내려가겠고, 정녕 너를 인도하여 다시 올라올 것이라"(창 46:3-4).

그리고 나서 그들은 밤을 지내기 위해 오두막으로 돌아갔다. 아침에 목자는 겁쟁이를 다시 불러 그 곳으로 데리고 갔다. 이번에는 피라미드 벽에 있는 작은 문을 열고 그녀를 안으로 데려갔는데, 통로를 따라가니 피라미드 중앙에 있는 방으로 연결되었고, 그 중앙의 방에는 위층으로 올라가는 나선형 계단이 위로 뻗어 있었다.

그러나 목자는 중앙의 방에서 바깥으로 나가는 다른 문을 열었고, 그들은 곡식 창고처럼 보이는 매우 큰 방으로 들어갔다. 커다란 곡식 자루들이 그 방 가운데만 빼고 가득 쌓여 있었다. 비어 있는 가운데 공간에서는 남자들이 여러 가지 종류의 곡식들을 여러 가지 방법으로 타작한 다음, 빻아서 거칠거나 고운 가루로 만들고 있었다. 한쪽에서는 여자들이 바닥에 앉아서 가운데 구멍이 있는 매끄러운 돌을 앞에 놓고, 가장 좋은 밀을 갈아서 가장 고운 가루를 만들고 있었다.

한동안 그들을 지켜보다가, 겁쟁이는 곡식들이 처음에 빻아지고 찢어져 산산이 부서진 후에도 계속 갈리고 찢어져서 마침내 최상의 밀빵을 굽기에 적당할 만큼 고운 가루가 된다는 것을 알게 되었다.

목자가 부드럽게 말했다.

"봐라. 특별한 용도와 목적에 따라 여러 가지 종류의 곡식을 제분하는 방법이 얼마나 다른지."

그리고 목자는 다음 구절을 인용했다.

"소회향은 도리깨로 떨지 아니하며 대회향에는 수레바퀴를 굴리지 아니하고 소회향은 작대기로 떨고 대회향은 막대기로 떨며 곡식은 부수는가, 아니라 늘 떨기만 하지 아니하고 그것에 수레바퀴를 굴리고 그것을 말굽으로 밟게 할지라도 부수지는 아니하나니"(사 28:27-28).

겁쟁이는 여인들이 빵을 만들기 위해 무거운 돌로 밀을 빻는 모습을 보면서 곱고 흰 가루를 만들어 사용하려면 얼마나 긴 과정이 필요한지를 주

목했다. 그리고 목자의 말을 들었다.

"내가 내 백성을 애굽에 데려오는 이유는 그들도 타작되고 갈아져서 최상의 가루가 되어 다른 사람들을 위한 빵이 되게 하려는 것이란다. 그러나 이것을 명심해라. 빵을 만들기 위해 곡식을 타작한다 해도 영원히 그런 사람은 없다. 갈아지고 빻아진 곡식이 가장 잘 사용될 수 있도록 준비될 때까지만 타작하는 것이란다. '이도 만군의 여호와께로서 난 것이라 그의 모략은 기묘하며 지혜는 광대하니라' (사 28-29절)."

그리고는 목자는 겁쟁이를 다시 중앙의 방으로 데려갔고 거기서 어두운 위쪽으로 이어져 있는 나선형 계단을 올라갔다. 그들은 그 다음 층에서 더 작은 다른 방으로 들어갔는데, 그 방 한 가운데에는 탁자처럼 평평한 회전 녹로가 있었고, 토기장이가 그 옆에 서서 작업을 하고 있었다. 토기장이는 녹로를 돌리면서 진흙을 여러 가지 아름다운 모양과 물건으로 만들었다. 그는 진흙을 자르고 주무르고 반죽하여 그가 보기에 좋은 모습으로 만들었지만, 진흙은 항상 녹로 위에 있으면서 그의 손길에 온전히 순복하고 저항하지 않았다.

함께 그것을 보고 있을 때 목자가 말했다.

"또한 애굽에서, 나는 가장 아름답고 좋은 그릇을 빚어 내가 보기에 알맞은 곳에 나의 일을 위한 도구로 사용한단다." (렘 18).

그리고 미소지으며 덧붙였다.

"겁쟁이야, 이 토기장이의 하는 것같이 내가 능히 네게 행하지 못하겠느냐? 진흙이 토기장이의 손에 있음같이 네가 내 손에 있느니라"(렘 18:6).

마지막으로 목자는 겁쟁이를 데리고 계단을 올라가 가장 높은 층에 이르렀다. 그 곳의 한 방 안에는 금을 녹여 모든 불순물을 제거하는 데 사용되는 풀무가 있었다. 마침, 그 풀무 안에 들어 있는 광석들은 거친 돌 조각과 수정을 함유하고 있었다. 그 광석들을 고열의 풀무에 한참 동안 넣어 두었다가 꺼내자 그것들은 찬란한 보석이 되어, 마치 불꽃을 그 중심에 받아들인 듯 반짝이고 있었다. 겁쟁이가 목자 곁에 서서 몸을 움츠리고 불꽃을 바라보고 있을 때, 목자는 그 무엇보다 멋진 말을 했다.

"너 곤고하며 광풍에 요동하여 안위를 받지 못한 자여 보라 내가 화려한 채색으로 네 돌 사이에 더하며 청옥으로 네 기초를 쌓으며 홍보석으로 네 성첩을 지으며 석류석으로 네 성문을 만들고 네 지경을 다 보석으로 꾸밀 것이니라"(사 54:11-12).

그리고 덧붙여 말했다.

"나의 가장 진귀하고 고귀한 보석, 그리고 최고의 정금은 애굽의 풀무에서 연단된 사람들이란다."

그런 다음 목자는 어느 짤막한 노래의 한 구절을 불렀다.

내가 너의 가슴에 손을 대어
네 찌꺼기를 제하리라
나의 불로 너를 연단하고
내 십자가에서 너를 다시 만들리라.

그들은 며칠 동안 사막 오두막집에 머물렀고, 겁쟁이는 전에 결코 배우지 못했던 많은 것들을 거기서 배웠다.

그런데 특히 한 가지가 그녀에게 매우 인상적이었는데, 그 넓은 사막에 푸른빛으로 자라는 것이라고는 눈을 씻어도 찾아볼 수 없다는 것이었다. 나무도 꽃도 풀도 없었고, 단지 제멋대로 가지를 뻗은 회색 선인장만이 여기저기 있을 뿐이었다.

마지막 날 아침, 겁쟁이는 사막 거주민들의 장막과 오두막집 근처를 산책하다가 벽 뒤 호젓한 한 구석에서 홀로 자라고 있는 작은 황금빛 꽃을 발견했다. 오래된 관이 물탱크에 연결되어 있었는데, 그 관에는 작은 구멍 하나가 있어서 그 구멍을 통해 가끔씩 한 방울의 물이 떨어졌다. 물이 한 방울씩 떨어지는 바로 그 곳에 작은 황금빛 꽃이 자라고 있었던 것이다. 그 씨가 어디서 왔는지 겁쟁이는 이해할 수 없었다. 거기에는 그 어디에도 새 한 마리 없었고 그 꽃 외에 자라는 다른 식물도 없었기 때문이다.

겁쟁이는 외로이 핀 아름다운 작은 황금빛 꽃 앞에 잠시 멈추어 섰다. 황금빛 꽃은 소망과 용기로 그 얼굴을 들어 올려 약하게 떨어지는 물방울을 바라보고 있었다. 겁쟁이는 부드럽게 외쳤다.

"작은 꽃아, 네 이름은 뭐지? 나는 너 같은 꽃을 본 적이 없어."

작은 풀꽃은 그 모습만큼이나 아름다운 음성으로 즉시 대답했다.

"저를 잘 봐 주세요! 제 이름은 기쁨으로 받아들임이랍니다."

겁쟁이는 피라미드에서 본 것들을 생각해 보았다. 타작하는 층과 '윙'

소리를 내며 돌아가던 녹로, 그리고 불꽃이 이는 풀무. 어찌된 영문인지 황량한 사막에서 홀로 자란 작은 황금빛 꽃의 대답이 그녀 마음속에 살며시 스며들어, 희미하지만 감미롭게 메아리치며 그녀의 마음을 위로했다. 그녀는 혼자 중얼거렸다.

"내가 여기 오고 싶어하지 않았을 때 목자님은 그분의 목적을 가지고 나를 여기로 데려오셨어. 나도 그분의 얼굴을 바라보며 이렇게 말할 거야. '저를 보세요! 저는 목자님의 작은 여종 기쁨으로 받아들임이랍니다.'"

그런 후 그녀는 허리를 굽혀 그 꽃 옆 모래 속에 있던 조약돌 하나를 집어 들고 첫 번째 제단의 돌과 함께 주머니에 넣었다.

7

외로움의 해변에서

겁쟁이 일행이 뜨거운 모래 사막을 지나온 어느 날, 전혀 뜻밖에도, 그들이 따라 걷고 있는 길을 다른 한 작은 길이 가로지르고 있었다. 목자는 "이것이 너희들이 이제부터 따라갈 길이란다"라고 조용히 말했다. 그래서 일행은 높은 곳을 바로 그들의 등뒤로 한 채 서쪽으로 방향을 바꾸었으며 얼마 지나지 않아 사막의 끝에 도달했다. 그 곳은 큰 바다를 접하고 있는 해변이었다.

목자는 말했다.

"겁쟁이야, 이제 내가 너를 떠나 산으로 돌아갈 때가 되었구나. 그러나 이것을 기억해라. 네가 높은 곳과 나에게서 이전보다 훨씬 더 멀리 떨어져 있는 것 같아도 사실은 그렇지 않단다. 나는 높은 곳에서 골짜기로 단숨에 뛰어내린 것처럼 이 사막의 모래 언덕도 순식간에 건너올 수 있고, 네가 나를 부를 때면 언제든지 꼭 올 게다. 너에게 이 말을 남기고 가니, 이것을 믿고 기쁨으로 실행해라. 내 양은 내 음성을 듣고 나를 따른단다.

겁쟁이야, 네가 내게 순종하며 내가 선택해 준 길을 가려고 할 때마다 너는 항상 나의 음성을 듣고 깨달을 수 있을 것이다. 그리고 나의 음성을 들을 때마다 순종해야 한다. 또한 내 음성에 순종하는 것이 항상 안전하다는 것을 기억해라. 비록 그 길이 불가능하거나 미친 짓처럼 보이더라도 말이야."

이 말을 하고 나서 목자는 겁쟁이를 축복했고 겁쟁이 일행을 떠나 사막을 건너뛰어서, 지금 그녀가 등지고 있는 높은 곳을 향해 떠났다.

겁쟁이는 두 동반자와 함께 여러 날 동안 대양의 해변을 따라 걸었는데, 처음에는 전에 느껴 본 적 없는 진정한 외로움을 비로소 맛보는 것 같았다.

그녀와 친구들이 살았던 푸른 골짜기는 등뒤로 멀어져 가고 있었다. 산도 보이지 않았다. 넓은 천지에 있는 것이라곤 끝없이 펼쳐진 모래 사막과 다른 편에서 음산하고 구슬프게 울부짖는 망망대해뿐이었다. 나무나 관목은 고사하고 풀도 없었으며, 단지 해변에는 부러진 부목들이 흩어져 있고 갈색의 시든 해초들이 한 무더기씩 엉켜 흩어져 있을 뿐, 아무것도 자라지 않았다. 그 곳 전역에 살아 있는 생물체라고는 머리 위를 빙빙 돌며 우는 갈매기와 모래 위를 허둥지둥 달려 은신처로 사라지는 게뿐이었다. 그리고 가끔씩 바다 건너에서 얼음처럼 차가운 바람이 높고 날카로운 소리를 내며 불어와 비수처럼 몸에 꽂혔다.

그런 날들 동안, 겁쟁이는 두 동반자들의 손을 절대로 놓지 않았고, 그들은 항상 놀라울 정도로 재빨리 그녀를 도와 주었다. 더욱 이상한 것은 겁쟁이가 걷는 모습이었다. 그녀는 이전 어느 때보다 더 민첩하고도 똑바로 걸었고 거의 절룩거리지 않았는데, 이는 그녀의 여생에 영향을 미칠 만한 어떤 사건이 사막에서 일어났었기 때문이다. 그 일은 그녀 내면에 비밀스러운 흔적을 남겨 놓았지만, 표면적으로 봐서는 아무도 어떤 차이를 알 수 없었다. 그러나 그녀에게는 분명히 깊은 내면의 변화가 일어났고, 그것은 그녀의 삶이 새로운 단계에 접어들었다는 것을 의미했다.

그녀는 애굽에 내려갔었고, 거기서 곡식 빻는 돌, 녹로, 풀무를 보았으며, 그것은 그녀가 직접 거쳐야 할 경험들을 상징한다는 것을 알게 되었다. 믿기 어려웠지만, 어쨌든 겁쟁이는 그 사실을 받아들이고 묵묵히 따를 수 있게 되었다. 그리고 그것을 받아들임으로써 자신과 자신의 과거 삶 사이에, 심지어 현재의 자신과 과거의 자신 사이에도 건널 수 없는 간격이 생겼다는 것을 마음 깊이 알게 되었다. 결코 다시 좁혀질 수 없는 간격.

그녀는 푸른 산골짜기에서 살았던 생활을 돌이켜보았다. 목자의 일꾼들과 함께 작은 양 떼를 먹였고, 친척들 앞에 설 때면 늘 주눅들었으며, 목자와 약속된 만남을 갖기 위해 아침과 저녁마다 물웅덩이로 가곤 했었다. 그러나 이제 그런 일들을 생각하면 자신이 아닌 전혀 다른 사람 같아서, 그녀는 이렇게 혼자 중얼거렸다.

"과거에는 그런 여자였지만, 이제 나는 그녀가 아냐."

어떻게 그렇게 된 것인지 알 수는 없지만, 목자가 말했던 일이 그녀에게 이루어졌다. 애굽의 풀무에 내려가서 받아들임의 꽃을 발견하는 사람은 변화되고 왕족의 표가 찍히기 때문이다. 사실 겁쟁이는 아직 자신이 왕족이라고는 전혀 느껴지지 않았고 다른 사람들도 그렇게 보지 않는 것이 분명했다. 그럼에도 그녀는 왕족의 표를 받았고, 결코 과거와 같지 않았다.

그래서 그녀는 슬픔, 고통과 함께 매일 외로움의 큰 바닷가를 거닐면서도 위축되거나 불평하지 않았다. 놀랍게도, 전에는 불가능하게 보였던 일이 점점 이루어지기 시작했다. 새로운 기쁨이 그녀의 가슴속에서 솟아오르기 시작했고, 그전까지는 전혀 의식하지 못했던 아름다운 경치를 발견하게 되었다.

선회하는 갈매기의 날개 위에 빛나는 태양이 그 날개를 눈부신 흰빛으로 물들였다. 날개는 저 멀리 떨어진 높은 곳에 있는 산꼭대기의 흰 눈처럼 빛났고, 그것을 보는 그녀의 가슴은 내적인 희열로 감동되었다. 갈매기들의 시끄럽고 음울한 울음소리와 음산한 파도 소리마저도 이상하게 아름다운 슬픔을 불러일으켰다. 그리고 왠지 아득히 먼 어딘가에서, 아득히 먼 어느 시간에 이 모든 슬픔에 대한 의미와 해답이 발견될 것 같았다. 그것은 지금 당장 알기에는 너무도 아름답고 놀라운 것이리라.

또한 그녀는 작은 게들이 허둥대며 움직이는 우스꽝스러운 모습을 보면서 큰 소리로 자주 웃음을 터뜨렸다. 가끔씩 해가 밝게 빛날 때면, 우중충하고 음산한 바다도 빼어나게 아름다운 모습으로 변했다. 곡선을 그리며 부서지는 푸른 파도 위로 햇살이 빛났고 물보라는 거품을 일으켰으며 수평선은 한밤의 하늘처럼 짙푸른 빛을 띠었다. 태양이 황량한 해변을 비출 때면 기쁨이 모든 슬픔을 삼켜 버린 것 같았다. 겁쟁이는 혼잣말로 속삭였다.

"그가 나를 단련하신 후에는 내가 정금같이 나오리라. 저녁에는 울음이 기숙할지라도 아침에는 기쁨이 오리로다."

어느 날 그들은 높은 절벽이 솟아 있고 큰 바위들이 사방에 흩어져 있는 해변의 한 지점에 이르렀다. 일행은 거기서 한동안 쉴 계획이었기 때문에, 그 동안 겁쟁이는 혼자서 산책을 했다. 절벽을 오른 후 그녀는 그 절벽 안쪽으로 파인 작고 인적 없는 후미진 곳을 내려다보았는데, 그 곳은 삼면이 완전히 절벽으로 둘러싸인 채, 그 안에는 부목과 얽힌 해초들만이 떠 있었다. 그것을 보자 그녀는 무엇보다도 먼저 공허함을 느꼈다. 마치 공허한 마음처럼, 그 후미진 곳은 너무나 멀리 물러가 버려 다시 돌아올 것 같지 않은 조수를 기대하며 기다리고 있었다.

그러나 겁쟁이가 그 외롭고 후미진 곳을 다시 찾아가고픈 충동에 이끌려 몇 시간 후 다시 왔을 때는 모든 것이 변해 있었다. 높은 조류가 앞으로 미는 힘에 의해서 파도가 몰려들고 있었고, 절벽 가장자리에서 바라보니 너무나 공허했던 그 후미진 곳은 바닷물로 가득 채워져 있었다. 큰 파도들이 함께 포효하고 소리내어 웃으며 좁은 입구를 통해 쏟아져 들어오고 있었고, 또 파도들은 후미진 곳을 둘러싼 옆의 절벽에 뛰어올라 부딪히며, 그 무엇도 저항할 수 없는 힘으로 모든 움푹 팬 구멍과 갈라진 틈을 가득 메우고 있었다.

그러한 변화를 보면서, 겁쟁이는 벼랑 가장자리에 무릎 꿇고 앉아 세 번째 제단을 쌓았다. 그녀는 외쳤다.

"오 나의 주님, 저를 이곳으로 인도하심을 감사드립니다. 저를 보세요. 제가 여기 있습니다. 이 작은 후미진 곳처럼 비어 있었지만 이제는 사랑의 물결로 가득 차기를 기다리고 있습니다."

그리고 나서 그녀는 그 암벽 위에 있는 작은 석영과 수정 조각을 집어들어 늘 갖고 다니는 작은 주머니 속 다른 기념석들 옆에 넣었다.

새 제단을 쌓은 지 얼마 되지 않아 그녀의 원수들이 다시 모습을 드러내기 시작했다. 친척들은 멀리 수치의 골짜기에서 교만이 희생양을 데리고 돌아오기만을 학수고대하고 있었다. 그러나 시간이 지나도 교만이 돌아오지 않고 겁쟁이도 나타나지 않자, 교만이 맡은 일을 성공적으로 완수하지 못해 놓고도 너무 오만한 나머지 그 사실을 인정하지 않고 있음이 분명해졌다. 그들은 겁쟁이가 높은 곳에 도달하여 자신들의 접근 영역을 완전히 벗어나기 전에 가능한 빨리 지원병을 보내기로 결정했다.

정찰병들은 교만을 만나, 겁쟁이가 산에 있지 않고 오히려 거기서 멀리 떨어진 외로움의 해변에 있다는 소식을 가지고 왔다. 그녀가 산과는 전혀 다른 방향으로 가고 있다는 것은 그들이 예상치 못한 기쁨이며 힘을 북돋아 주는 소식이었고, 교만을 도울 수 있도록 최상의 지원병을 급파하자는 의견이 재빨리 개진되었다. 그들은 원망과 쓴뿌리와 자기연민을 보내서 겁쟁이를 기다리는 친척들에게 데려오는 일을 돕게 하자고 만장일치로 결정하였다.

그래서 원망과 쓴뿌리와 자기연민은 외로움의 해변을 향해 출발했고, 이제 겁쟁이는 정말 무서운 공격의 시간을 견뎌야만 했다. 그러나 대적들은 그녀가 과거의 겁쟁이가 아니라는 것을 알게 되었다. 그들은 전혀 그녀에게 가까이 접근할 수 없었는데, 왜냐하면 그녀가 언제나 슬픔과 고통을 매우 가까이했고 그들의 도움을 전보다 훨씬 더 자발적으로 받아들이고 있었기 때문이다. 하지만 대적들은 계속 나타나서는 큰 소리로 혐오스러운 제안을 하거나 그녀를 비웃었다. 그녀가 어디에 가든 그들 중 한 명이 불쑥 튀어나와서는(바위 사이에는 그들이 숨을 수 있는 곳이 많았다) 그녀에게 손 화살을 던졌다.

교만이 심술궂게 외쳤다.

"내가 말했지. 이 바보야, 넌 지금 어디 있는 거지? 높은 곳에 올라가 있냐? 어림없지! 수치의 골짜기에 있는 모든 사람들이 이 사실을 알고 너를 비웃고 있다는 것을 알고 있기나 해? 네 마음의 갈망을 추구한다더니 버림받아서(내가 경고한 대로지) 외로움의 해변에 있군. 이 바보야, 왜 내 말을 안 들었냐?"

그 후에 원망이 다른 바위에서 고개를 쳐들었다. 그는 몹시 추한 모습이었지만, 그 추한 모습에는 무섭도록 사람을 끄는 힘이 있었다. 때로 겁쟁이는 그가 자신을 뻔뻔스럽게 쳐다보며 외칠 때 그에게서 눈길을 돌릴 수가 없었다.

　"겁쟁이야, 넌 정말 바보처럼 맹목적으로 행동하는구나. 네가 따라가는 목자라는 자는 대체 누구냐? 그가 도대체 어떤 사람이기에 네가 가진 모든 것을 요구하고 네가 바치는 모든 것을 차지하면서도 그 대가로 너에게 주는 것이라곤 고통과 슬픔과 조롱과 부끄러움뿐이란 말이냐구? 왜 그런 대접을 받고 있지? 너 자신을 위해 분연히 일어나서 너에게 약속한 것을 당장 이루어 주고 너를 높은 곳에 데려가 달라고 요구해. 만일 그렇게 하지 않는다면 더 이상 그를 따를 필요가 없다고 얘기하란 말야."

　그때 쓴뿌리가 조롱하는 목소리로 끼여들었다.

　"네가 그에게 복종하면 할수록 그는 더 많은 것을 요구할걸. 그는 네게 무자비하고, 너의 헌신을 이용하고 있을 뿐이야. 네가 만일 계속 그를 따르겠다고 고집을 피운다면, 그는 지금까지의 요구는 아무것도 아닐 정도로 더 많은 것을 요구할 거야. 그는 자신을 따르는 자들을, 심지어 여자나 어린아이들까지도 포로 수용소와 고문실과 온갖 종류의 끔찍한 죽음으로 내몰지. 안 그래도 항상 우는소리를 하는 네가 어떻게 그걸 견디겠다는 거지? 그가 가장 심한 희생을 요구하기 전에 손떼고 떠나는 게 좋을 거야. 조만간 그는 너를 어떤 종류의 십자가 위에 매달고는 버려 둘 거야."

다음에는 자기연민이 기다렸다는 듯 끼여들었다. 어떤 면에서 보면 그는 다른 대적들보다 더욱 사악했다. 그는 동정하는 투로 너무나 부드럽게 말했기 때문에 겁쟁이는 온몸이 후들거리는 것 같았다. 그는 속삭였다.

"불쌍하고 가련한 겁쟁이야, 정말 안됐구나. 너는 정말로 헌신적이고 그에게 어떤 것도, 정말 그 어떤 것도 거부하지 않았지만, 그는 너를 이렇게 잔인하게 대했구나. 이런 데도 그가 널 사랑하고 너의 진정한 유익을 마음에 두고 있다고 정말로 믿을 수 있니? 어떻게 그걸 믿을 수 있니? 지금 너자신이 불쌍하게 느껴지는 건 당연한 거야. 너는 목자를 위해 정말 기꺼이 고통을 감수하려 하고 있는데, 최소한 다른 사람들만이라도 그 진실을 안다면 너를 오해하거나 조롱하는 대신 불쌍히 여기는 것이 마땅할 거야. 네가 따르는 그 목자라는 자는 네가 고통받고 오해받는 것을 즐기는 것처럼 보여. 네가 그의 뜻에 굴복할 때마다 그는 너를 상처 입히고 가루처럼 부수어 괴롭힐 새로운 방법을 만들어 내는 것 같아."

자기연민의 마지막 말은 실수였다. 왜냐하면 "빻아서 가루로 만든다"는 말을 듣자, 겁쟁이는 피라미드의 타작하는 곳에 함께 있을 때 목자가 한 말이 생각났기 때문이다.

"빵을 만들기 위해 밀을 빻는다 해도 그것을 영원히 빻는 사람은 없단다. 다른 사람들이 먹을 수 있는 빵이 될 준비가 될 때까지만 빻는 것이란다. 이도 만군의 여호와께로서 난 것이라 그의 모략은 기묘하며 지혜는 광대하니라(사 28:28-29)."

그 생각이 난 겁쟁이가 돌멩이를 집어 들어 자기연민에게 던지기 시작하자 그는 당황하고 깜짝 놀라 도망갔고, 나중에 화난 목소리로 다른 세 명에게 말했다.

"불여우 같으니라고! 내가 몸을 굽히고 산토끼같이 줄행랑치지 않았다면 그 돌에 맞아 완전히 뻗어 버릴 뻔했다니까."

그러나 날이면 날마다 계속 이런 말을 들으며 공격당하는 것은 너무 기진맥진해지는 일이었다. 그리고 슬픔과 고통이 겁쟁이의 손을 잡고 있는 관계로 자연히 귀를 막을 수 없었기 때문에 대적들은 아주 무시무시하게 그녀를 괴롭힐 수 있었다. 그러던 중, 마침내 위기가 닥쳐왔다.

어느 날 동반자들이 잠시 잠들어 있을 때, 겁쟁이는 조심성 없이 혼자서 이곳 저곳을 거닐었다. 이번에는 그녀가 잘 가는, 후미진 곳이 내려다보이는 곳으로 가지 않고 새로운 곳으로 향했는데, 절벽이 바다 쪽으로 매우 좁게 돌출해 있고 그 끝은 깎아지른 듯 뾰족한 벼랑이었다.

그녀는 그 돌출부의 끝까지 가서 무한히 광활한 바다를 내려다보고 있다가, 갑자기 그녀의 대적 넷이 모두 접근해 오는 것을 발견하고 공포에 사로잡혔다. 그 순간, 그녀가 이미 다른 모습으로 변하고 있다는 것이 아주 명백하게 드러났다. 그녀는 그들이 접근하는 것을 보고 기절할 지경이 되는 대신, 창백해지고 놀라긴 했지만, 양손에 돌멩이를 쥐고 큰 바위를 등진 채 힘닿는 데까지 그들을 대적하려는 자세를 보였던 것이다. 다행히도 그 돌출부가 매우 좁아서 네 명이 동시에 접근할 수는 없었다. 일당 중 교만이

손에 강한 무기를 들고 앞장서서 그녀를 향해 한걸음 한걸음 다가왔다.

"손에 있는 돌을 내려놓으시지, 겁쟁이."

그는 잔인하게 말했다.

"우리는 넷이야. 너는 이제 우리 뜻에 따라야 해. 그리고 우리 말을 들어야 할 뿐 아니라 우리와 같이 가야 한다구."

겁쟁이는 고개를 들고는, 아무것도 없는 것 같은 공중을 향해 힘껏 소리쳤다.

"오, 나의 주님! 지체 마시고 오셔서 저를 구원해 주세요."

네 악당은 깜짝 놀랐다. 목자가 친히 나타났던 것이다. 목자는 좁은 돌출부위를 달려 그들을 향해 뛰어오고 있었는데, 그 모습은 날카로운 뿔이 달린 산(山)수사슴보다 더 무서웠다. 교만이 겁쟁이를 붙잡고 있는 곳을 향해 목자가 뛰어오자 원망과 쓴뿌리와 자기연민은 땅에 납작하게 엎드린 채 벌벌 떨며 도망갔다. 교만의 어깨를 붙잡은 목자는 그를 공중에서 빙 돌린 뒤 하늘로 던져 올렸다. 그는 절망적인 목소리로 크고 날카로운 비명을 질렀고, 목자는 그를 벼랑 아래 바다로 던져 떨어뜨렸다.

"오, 목자님."

겁쟁이는 숨을 가다듬으며 안도감과 소망으로 떨면서 말했다.

"고맙습니다. 이제 교만은 확실히 죽은 건가요?"

목자가 대답했다.

"아니, 그렇지는 않을 거야."

그는 절벽 아래로 교만이 해안을 향해 물고기처럼 헤엄쳐 가는 모습을 힐끗 보았다.

"저기 교만이 헤엄쳐 가는구나. 그렇지만 앞으로는 오늘 경험한 패배를 잊지 못할 거야. 그리고 아마도 다음에 나타날 때는 다리를 절고 있을 거야. 그리고 다른 셋은 어디론가 도망쳐 숨은 것 같은데, 네가 나를 부르기만 하면 내가 온다는 것을 알았으니까 앞으로는 오늘처럼 너를 괴롭히지 못할 거야."

"목자님."

간절한 목소리로 겁쟁이가 불렀다.

"왜 제가 다시 교만에게 붙잡혔고, 원망과 쓴뿌리와 자기연민이 이렇게 오랫동안 끔찍한 방법으로 저를 괴롭힐 수 있었는지 말씀해 주세요. 이 일 이전에 제가 목자님을 부르지 않았던 것은 그들이 감히 제게 가까이 다가오거나 본격적인 공격을 하지 않았기 때문이에요. 그들은 단지 항상 제 주위에 잠복해 있으면서 무서운 말들을 하곤 했을 뿐이었지만, 저는 그들에게서 벗어날 수가 없었어요. 왜 그랬을까요?"

목자는 부드러운 목소리로 대답했다.

"내가 생각으로는, 최근에는 길이 편해지고 태양도 빛났고 여기가 쉴 만한 곳이었기 때문이지. 그리고 너는 잠시 동안 네가 나의 작은 여종인 '기쁨으로 받아들임'이라는 것을 잊었고, 내가 너를 다시 산으로 인도하여 높은 곳으로 올라가게 할 때가 되었다고 조급하게 생각하기 시작했다. 네 마음속에 기쁨으로 받아들임의 꽃 대신 조급함의 잡초를 키울 때마다 대적이 너를 이기게 된단다."

겁쟁이는 얼굴을 붉혔다. 목자의 진단이 얼마나 정확한지 알았기 때문이다. 지금처럼 태양이 빛나고 주위의 모든 것이 밝고 행복하고 만족스럽게 보일 때보다, 바다가 음산하고 우중충하게 보일 때 힘든 길을 받아들이고 인내하는 것이 더 쉬웠었다. 겁쟁이는 목자의 손에 자기 손을 맡기며 슬프게 말했다.

"진정 목자님의 말씀이 맞습니다. 저는 목자님께서 이 길을 너무 오래 걷게 하시고, 제게 하신 약속을 잊으셨다고 생각했어요."

그리고 그녀는 그의 얼굴을 단호히 바라보며 말을 이었다.

"하지만 이제 제 마음을 다해 말씀드리겠어요. 목자님만이 저의 목자이십니다. 저는 목자님의 음성을 들을 때 즐겁고 목자님을 따르는 것이 기쁩니다. 나의 주님, 저는 목자님께서 선택하시는 대로 순종하겠어요."

목자는 허리를 굽혀 그녀 발치에 있는 돌을 집어 들고 미소지으며 말했다.

"이 돌을 다른 돌들과 함께 네 주머니에 넣어라. 이 돌은 오늘 처음으로 교만이 네 앞에서 거꾸러진 것, 그리고 네 마음의 소망을 내가 이룰 때까지 인내하며 기다리겠다는 너의 약속을 기념하는 것이란다."

8

오래된 방파제 위에서

교만을 물리친 지 며칠이 지났고, 겁쟁이와 동반자들은 큰 바닷가를 따라 계속 여정을 이어갔다. 어느 날 아침, 뜻밖에도 길이 다시 내륙 쪽으로 굽어져서 일행은 사막을 등지고, 아직 너무 멀어서 보이지는 않았지만, 산지 쪽을 향해 걷게 되었다. 겁쟁이는 길이 똑바로 동쪽으로 뻗어 있어서 그 길을 따라가면 다시 높은 곳으로 가게 되는 것을 보고 말로 다 표현할 수 없는 기쁨에 들떴다.

그녀는 두 안내자의 손을 놓고 손뼉을 치며 기뻐서 펄쩍 뛰었다. 산지가 아무리 멀리 있다 해도, 이제 마침내 그들은 제대로 된 방향으로 가고 있었던 것이다. 겁쟁이 일행은 다시 함께 사막을 가로질러 가기 시작했지만, 겁쟁이는 안내자들을 기다리고 있을 수 없어서, 전혀 다리를 절지 않는 이처럼 다른 일행보다 앞서서 달려갔다.

그러나, 갑자기 길은 다시 한 번 직각으로 구부러졌고 눈에 보이는 길 끝은 산지를 향해 있는 것이 아니라, 사막을 지나 구릉지대로 이어지는 남쪽으로 뻗어 있었다. 겁쟁이는 당황하고 충격을 받아 움직이지 않고 그대로 선 채 아무 말도 하지 못했다. 그러다가 온몸을 떨기 시작했다. 있을 수 없는 일이었다. 아니, 이럴 수는 없었다. 목자가 또다시 "안 돼"라고 하며 그녀를 높은 곳으로부터 더 멀리 이끈다는 것은 도저히 있을 수 없는 일이었다.

그 옛날 지혜로운 사람이 말한 "소망이 더디 이룸은 심령을 병들게 한다"는 말은 얼마나 옳은 말인가! 겁쟁이가 산지로 향하는 길에 너무나 신이 나 펄쩍펄쩍 뛰었기 때문에 슬픔과 고통은 훨씬 뒤에 처져 있었고, 겁쟁이는 그들이 그녀를 뒤따라오는 동안 길이 산지로부터 멀어지는 지점에 우두커니 서 있었다.

그때 그녀 근처에 있는 모래 더미에서 대적인 쓴뿌리가 일어났다. 그는 그녀가 목자를 부르지 않도록 꾀를 써서 더 가까이 다가오지 않고 다만 그녀를 바라보며 서서 소리내어 웃고 또 웃을 뿐이었는데, 겁쟁이가 일생 동안 들은 중에 가장 쓰디쓴 웃음소리였다.

그런 후 그는 독사처럼 심술궂은 목소리로 말했다.

"이 바보야, 너도 웃지 그래? 너도 이렇게 될 줄 알았잖아?"

그가 거기 서서 터뜨리는 끔찍한 웃음소리는 사막 전체에 메아리쳐 울리는 조롱 소리 같았다. 슬픔과 그 자매 고통은 겁쟁이에게 다가와 조용히 그녀 곁에 서 있었으며, 한동안 모든 것이 고통과 "큰 흑암의 공포"에 압도된 것 같았다. 갑작스레 소용돌이 바람이 사막으로부터 새된 소리를 내며 불어와 먼지와 모래 폭풍을 일으켜 그들의 시야를 가로막았다.

폭풍이 지나간 후 고요한 가운데, 겁쟁이는 나지막하고 떨리지만 매우 분명한 음성으로 말했다.

"나의 주님, 제게 무슨 말씀을 하기 원하십니까? 말씀하세요. 주님의 종이 듣겠습니다."

다음 순간 목자가 그녀 곁에 서서 말했다.

"기운을 내라. 나니 두려워 말라. 나를 위해 또 다른 제단을 쌓고 너의 의지 전부를 번제로 드려라."

겁쟁이는 순종하는 마음으로 사막에서 유일하게 발견할 수 있는 모래와 푸석푸석한 돌로 작은 무더기를 만들어 쌓았다. 그리고 다시 한 번 그녀의 의지를 그 곳에 내려놓고 (슬픔이 앞으로 나와 그녀 곁에 무릎 꿇고 앉았기 때문에)눈물을 흘리며 말했다.

"오 나의 하나님, 저는 하나님의 뜻을 행하기를 기뻐합니다."

알 수는 없지만, 어디선가 불꽃이 나타나 제물을 불살랐고 제단 위에는 작은 잿더미가 남았다. 그때 목자의 음성이 들렸다.

"지금 더 지연되는 것은 사망에 이르는 것이 아니라 하나님의 영광을 위해서이고, 하나님의 아들이 영광을 받기 위해서이다."

또다시 돌풍이 일어나 소용돌이치며 재를 사방으로 흩어 버리자 제단 위에는 거칠고 평범해 보이는 돌이 남았는데, 겁쟁이는 그걸 다른 돌들과 함께 주머니에 넣었다. 그런 후 그녀는 일어나 산지 쪽에서 얼굴을 돌렸고 일행은 함께 남쪽으로 가기 시작했다. 공격할 기회를 노리며 아주 가까이 숨어 있는 원망과 자기연민 때문에 목자가 잠시 동안 일행과 동행했으므로, 대적들은 모래 언덕에 납작하게 엎드린 채 전혀 모습을 드러내지 않았다.

얼마 안 있어 그들이 내륙 쪽으로 바다를 등지고 걸어가다가 도달한 곳은 바닷물이 사막의 안쪽으로 휩쓸고 들어와 큰 만을 형성한 곳이었는데, 강한 조수가 그 만으로 몰려와 빠르게 흐르는 물살로 만을 완전히 채우고 있었다. 그런데 그 만 위에는 아치가 여러 개 있는 돌 방파제가 가로질러 세워져 있었고, 거기로 올라가는 진입로는 흙으로 되어 있었다. 목자는 그 진입로 입구로 겁쟁이를 데리고 가서 그 길을 따라서 바다를 건너가라고 말했다. 그는 제단 곁에서 했던 말을 다시 한 번 강조하고서 떠났다.

겁쟁이는 두 동반자와 함께 진입로를 따라 오래된 방파제 위로 올라갔다. 그들이 서 있는 곳은 높아서 사막을 되돌아볼 수 있었다. 한쪽에는 바다가 있었고 다른 쪽에는, 너무 멀고 희미해서 확신할 수는 없었지만, 산지 일부의 모습이 보이는 것 같았다. 아니면 다만 희망 사항일 뿐이었을까?

그리고 나서 앞을 바라보니 방파제는 만을 가로질러 완전히 다른 곳에 닿아 있었는데, 그 곳은 나무가 울창한 구릉 지대와 골짜기였고, 과수원과 밭 사이에 농가와 농장들이 보였다. 태양은 밝게 빛났고, 강한 바람은 흐르는 물을 재촉하고 다그쳐서 더 빨리 흐르게 했는데, 방파제 위에서는 그 강한 바람의 힘을 그대로 다 느낄 수 있었다. 그것을 보면서 겁쟁이는 한 무리의 사냥개들이 사냥꾼들의 재촉을 받아 꼬리에 꼬리를 이어 서로를 따라가는 장면을 연상했다. 바닷물은 방파제 밑에서 뛰고 몰려가고 포효하면서 뭍을 향해 흘러 들어가 만을 가득히 채웠다.

포효하는 바람과 몰려드는 바닷물은 영광으로 가득 찬 생명의 포도주처럼 그녀의 혈관 속으로 들어와 그녀의 몸 안을 휩쓸고 지나가는 듯했다. 바람이 그녀의 뺨을 세차게 때리고 그녀의 머리칼과 옷을 마구 흔들어서 거의 넘어질 지경이었지만, 그녀는 거기에 선 채 힘껏 외쳤는데, 그 목소리는 바람 소리에 묻혀 곧 사라져 버렸다. 그 오래된 방파제 위에서 겁쟁이가 외친 것은 이것이었다.

"이제 내 머리가 나를 두른 내 원수 위에 들리리니 내가 그 장막에서 즐거운 제사를 드리겠고 노래하여 여호와를 찬송하리로다"(시 27:6).

노래하면서 겁쟁이는 이런 생각을 했다.

'목자님의 원수가 된다는 것은 정말이지 끔찍한 일이야. 언제나, 언제나 실패할 수밖에 없고, 언제나 늘 먹이를 빼앗길 수밖에 없으니까. 가장 어리석고 약한 자까지도 자신들의 손을 벗어나 높은 곳으로 다니고 모든 대적들을 이기게 되는 것을 보면 원수들은 얼마나 미치도록 화가 날까? 참을

수 없이 화가 날 거야.'

목자가 가르쳐 준 대로, 겁쟁이는 방파제 위에서 그녀가 원수를 이기게 한 목자의 승리를 기념하면서 또 다른 돌을 집어 귀한 기념물들을 넣는 작은 주머니에 넣었다. 그리고 방파제를 따라 바다를 건너서 만 맞은편에 있는 진입로를 따라 내려가니 바로 숲이 나왔다.

사막을 통과하는 오랜 여정 후에 맞이한 이런 경치의 변화는 몹시도 아름다웠다. 오랜 기다림 끝에 마침내 맞이한 봄은 만물을 겨울의 손아귀에서 벗어나게 하여, 모든 나무들은 가장 아름다운 초록색으로 뒤덮여 갔고 가지마다 새순들이 부풀고 있었다. 나무들 사이 빈터에는 블루벨 꽃송이들과 야생 아네모네들이 피어 있었고, 이끼 낀 제방에는 제비꽃과 옅은 황록색의 앵초가 무리 지어 자라고 있었다. 새들은 서로 노래하며 얘기하고 부산하게 움직이면서 둥지 짓기에 바빠 열중하고 있었다.

겁쟁이는 죽음의 겨울에서 깨어난다는 것이 이런 것인지 전에는 전혀 몰랐다고 혼잣말을 했다. 아마도 이 모든 아름다움에 눈뜨기 위해서 황폐한 사막이 필요했는가 보다. 겁쟁이는 숲을 거니는 동안, 슬픔과 그 자매 고통이 동반자라는 사실을 거의 잊고 있었다.

여기저기 나무에 피어나는 초록빛과 둥지를 트는 새들, 폴짝폴짝 뛰어다니는 다람쥐들과 꽃망울을 터뜨리는 꽃들은 모두 환희에 차서 자기들만의 특별한 언어로 서로 인사하며 즐겁게 외치고 있는 듯했다.

"보렴, 마침내 겨울이 지나갔어. 여태껏 늦어진 것은 죽음에 이르는 것이 아니고 하나님의 영광을 위한 것이었어. 지금까지 이렇게 아름다운 봄은 없었어."

그 순간 겁쟁이는 마치 자신의 가슴속에서도 무엇인가가 싹터서 새 생명을 낳는 것 같은, 기분 좋은 설렘을 느꼈다. 그 느낌은 아주 달콤하면서도 고통스러워서 어떤 느낌이 더 강한지 알 수 없었다. 그녀는 목자가 가슴속에 심은 '사랑의 씨앗'을 생각하고는, 정말 뿌리를 내려서 싹이 텄는지 두려움 반 기대 반으로 살펴보았다. 잎들이 보였고 줄기 끝 부분이 꽃봉오리처럼 조금 부풀어 있었다.

그것을 보고 있자 겁쟁이는 또 다른 아픔을 느꼈다. '사랑의 꽃'이 활짝 필 때 사랑을 돌려 받을 것이고 높은 곳에서 새 이름을 받을 것이라는 목자의 말이 생각났던 것이다. 그러나 그녀는 아직도 높은 곳과 떨어져 있고, 오히려 전보다 더 멀어져 있으며, 앞으로도 상당히 오랜 기간 동안은 높은 곳에 도달할 가능성이 전혀 없어 보였다. 목자의 약속이 어떻게 실현될 수 있을까? 거기에 생각이 미치자 그녀는 다시 눈물을 흘리기 시작했다.

겁쟁이가 너무 자주 운다고 생각할지도 모르지만, 우리는 그녀의 동반자이자 교사 중 하나가 슬픔이라는 것을 기억해야 한다. 또 덧붙이자면, 이 이상한 여행에 대해 아는 이들은 대적들밖에 없었기 때문에, 그녀의 모든 눈물은 아무도 몰래 은밀하게 흘려진 것이었다. 다윗의 말대로, 우리를 슬픔의 길로 인도하시는 분이 우리의 눈물을 병에 담아 그 중 한 방울도 잊지 않으신다는 것은 슬픔에 잠긴 사람에게 큰 위로가 된다.

그러나 그녀는 오래 울지 않았다. 무엇인가 어슴푸레하게 금빛으로 빛나는 것이 보였기 때문이다. 가까이서 보니, 사막의 피라미드 근처에서 자라던 작은 금빛 꽃과 똑같은 꽃이었다. 어찌된 일인지 그 꽃이 그녀의 가슴속에 옮겨져서 자라고 있었던 것이다. 겁쟁이가 기쁨의 탄성을 지르자, 작은 황금빛 꽃은 고개를 숙여 인사하며 그 귀엽고 아름다운 목소리로 말했다.

"보세요. 저예요. 당신의 가슴속에서 자라고 있는 '기쁨으로 받아들임'이에요."

겁쟁이는 미소지으며 대답했다.

"정말 그렇구나. 내가 깜빡 잊고 있었어."

그리고는 그 숲에서 무릎을 꿇고 돌을 쌓은 후, 그 위에 나뭇가지들을 올려놓았다. 알다시피 제단을 쌓을 때는 근처에서 얻을 수 있는 것은 뭐든지 사용한다. 그리고 나서 그녀는 잠시 망설였다. 이번에는 제단에 무엇을 올려놓아야 할까? 그녀는 꽃봉오리일 수도 있고 아닐 수도 있는, 사랑의 풀꽃이 조금 부풀어올라 있는 부분을 바라보고는 몸을 앞으로 숙여 가슴을 제단 위에 올려놓고 말했다.

"보세요. 제가 여기 있어요. 저는 주님의 작은 여종 '기쁨으로 받아들임'이랍니다. 제 가슴속에 있는 모든 것은 주님 것입니다."

그러자 불꽃이 임해서 나뭇가지들을 태웠지만 꽃봉오리는 아직도 줄기에 그대로 있었다. 겁쟁이는 아마도 그것이 너무 작아서 드리기에 적합하지 않기 때문이라고 생각했다. 그러나 그럼에도 멋진 일이 일어났다. 마치 불꽃이 그녀의 가슴속으로 들어가 계속 따뜻하고 밝게 이글거리는 것 같았다. 제단 위 재 속에는 돌이 또 하나 있었다. 그녀는 그것을 집어 다른 돌들과 함께 넣어 두었다. 그래서 그녀가 가지고 다니는 주머니에는 이제 여섯 개의 기념 돌이 들어 있었다.

계속 길을 가던 일행이 잠시 후 숲 가장자리에 이르렀을 때, 겁쟁이는 기쁨의 탄성을 질렀다. 그 곳에는 다름 아닌 목자가 그들을 만나기 위해 기다리고 서 있었던 것이다. 그녀는 발에 날개라도 돋친 듯 목자를 향해 달려갔다.

"와, 어서 오세요, 잘 오셨어요. 정말로 환영해요!"

겁쟁이는 머리부터 발끝까지 기쁨에 겨워 떨리는 목소리로 말했다.

"목자님, 제 마음의 정원에 아직 많은 것은 없지만, 여기 있는 모든 것은 목자님 것이고 목자님께서 기뻐하시는 대로 하실 수 있답니다."

목자는 말했다.

"너에게 전해 줄 메시지를 가지고 왔단다. 겁쟁이야, 너는 새로운 무엇을 위해 준비해야 한다. 그 메시지는 이것이다. '이제 내가 하는 일을 네가 보리라' (출 6:1)."

겁쟁이의 뺨에는 화색이 돌고 기쁨의 전율이 온몸을 휘감았다. 자기 마음속에 사랑의 풀꽃이 있다는 것과 그것이 활짝 필 준비가 갖추어 졌을 때 높은 곳에 있게 될 것이고 사랑의 왕국에 들어갈 준비가 될 것이라는 약속을 기억했기 때문이다.

그녀는 그 생각에 가슴이 벅차 거의 숨이 넘어갈 듯이 외쳤다.

"목자님, 제가 마침내 높은 곳으로 갈 것이라는 말씀이신가요? 정말, 드디어요?"

그녀는 목자가 고개를 끄덕였다고 생각했지만, 그는 머뭇거렸으며 알 수 없는 표정으로 그녀를 물끄러미 바라보았다.

"그렇죠?"

겁쟁이는 목자의 손을 잡고 얼굴을 쳐다보며 너무 기뻐서 믿어지지 않는다는 듯 말했다.

"목자님께서 곧 저를 높은 곳으로 데려가시겠다는 거죠?"

이번에는 목자가 대답을 했다.

"그래."

그리고 묘한 미소와 함께 이렇게 덧붙였다.

"이제 내가 행하는 일을 보게 될 거야."

9

거대한 상처의 절벽

그 후 한동안 겁쟁이는 마음속으로 노래를 부르며 그들이 도착한 지역의 밭과 과수원과 낮은 구릉 지대를 걸었다. 슬픔과 고통이 여전히 함께 있다는 것이 이제는 중요하게 느껴지지 않았다. 왜냐하면 산으로 가서 높은 곳에 이르기까지 도움을 받은 후에는 더 이상 그들이 필요치 않을 것이고 곧 헤어지게 되리라는 소망으로 가슴이 두근거렸기 때문이다. 길은 여전히 남쪽으로 뻗어 있고 굽이굽이 언덕을 돌아 고요한 골짜기를 지나간다는 사실도 더 이상 문제되지 않았다. 왜냐하면 그 길이 곧 동쪽 산지로 향할 것이고 그녀의 마음이 소망하는 곳으로 향할 것이라는 목자의 약속이 있었기 때문이다.

얼마 후 길은 나지막한 언덕 꼭대기를 향해 올라가며 경사를 이루기 시작했다.

어느 날 그들은 돌연 그 중 가장 높은 언덕의 꼭대기에 도달하게 되었고, 해가 떠오르자 자신들이 거대한 고원 위에 있다는 것을 알게 되었다. 일행이 황금빛 찬란한 일출을 보며 동쪽을 향하는 순간, 겁쟁이는 기쁨과 감사의 탄성을 질렀다. 고원 건너편 그리 멀지 않은 곳에 산지가 있었던 것이다. 산지는 아주 선명하게 보였고 거대한 성벽처럼 우뚝 서 있었으며, 그 성벽과 탑과 산봉우리는 면류관을 쓴 것처럼 솟아 있었는데, 그 모든 것들이 장밋빛과 황금빛 일출에 물들어 빛나고 있었다. 그녀는 이렇게 아름다운 모습은 처음 본다고 생각했다.

태양이 더 높이 솟아오르고 타는 듯한 빛이 하늘에서 사라지자, 가장 높은 봉우리가 눈에 덮여 있는 것이 보였다. 몹시 희고 반짝여서 그 광휘에 눈이 부실 정도였다. 그녀는 높은 곳을 자세히 바라보았다. 무엇보다도, 그들이 걷고 있는 길이 거기서 동쪽으로 꺾어져 곧바로 산으로 향한다는 사실이 가장 좋았다.

겁쟁이는 언덕 꼭대기에서 무릎을 꿇고 고개 숙여 경배했다. 그 순간, 그녀가 그 동안 겪었던 모든 고통과 지연, 모든 슬픔과 긴 여정의 시련은 그녀 앞에서 빛나는 영광에 비하면 아무것도 아닌 듯했다. 심지어 그녀의 동반자들까지도 함께 미소짓는 것 같았다. 그녀는 경배하며 즐거워한 후 일어섰고, 고통과 슬픔과 함께 고원을 가로질러 걷기 시작했다. 길이 평탄하고 비교적 순탄해서 그들은 놀랄 정도로 빨리 나아갔으며, 현재 그들이 산 가까이 가고 있고 산기슭의 비탈에 있다는 것이 믿어지지 않았다.

그러나 산에 가까이 다가갈수록 겁쟁이는 산비탈의 심한 급경사를 보고 놀라지 않을 수 없었다. 다가갈수록 산세가 철옹성 같은 암벽이라는 것이 드러났다. 그러나 겁쟁이는 거기에 도달하면 그들이 나아갈 수 있는 골짜기나 계곡이나 오르막길이 있을 것이고, 위로 올라가는 길이 있기만 하다면 아무리 가파르더라도 상관없다고 생각했다. 일행은 오후 늦게 산 밑동 경사면의 위쪽에 도달했다. 산기슭에 도착한 것이다. 그런데 그들이 따라가던 길은 철옹성 같은 절벽 바로 아래로 향하더니 거기서 뚝 끊어졌다.

겁쟁이는 움직이지 않고 서서 그것을 응시했다. 바라보면 바라볼수록 아연실색했고 몸 전체가 덜덜 떨리기 시작했는데, 눈앞에 있는 산 전체가 좌우로 눈이 닿는 데까지 암벽으로 이어져 있었던 것이다. 그녀가 고개를 뒤로 젖혀 그 꼭대기를 보려 하자, 암벽이 너무 높아 현기증이 날 지경이었다. 절벽이 그녀 앞을 가로막았으며, 길은 절벽을 향하다가 끊겨 버렸다. 사방 어디에도 다른 길의 흔적은 보이지 않았고, 머리 위로 솟아 있는 무서운 암벽을 올라갈 방법은 전혀 없었다. 되돌아가야만 했다.

그녀가 이 무서운 현실을 깨닫는 순간, 고통이 겁쟁이의 손을 잡고 암벽을 가리켰다. 수사슴과 그 뒤를 따르는 암사슴이 그들 주변에 흩어져 있는 바위들 사이에서 나타나 절벽을 올라가기 시작했다.

겁쟁이 일행은 서서 그 모습을 보고 있었는데, 겁쟁이는 현기증이 나서 머리가 어지러워졌다. 앞장서서 길을 인도하며 가는 수사슴이 절벽 표면을 가로질러 지그재그형으로 뻗어 있는 좁고 매우 가파른 길을 가고 있었기 때문이다. 그 길은, 절벽의 어떤 부분에서는 바위가 좁게 솟아 있었고 또 다른 어떤 부분은 험한 계단 모양이었으며, 자세히 보니 어떤 부분에서는 길이 완전히 끊어져 있기도 했다.

수사슴은 길이 끊어진 틈을 펄쩍 뛰어서 위로 올라갔고, 암사슴은 항상 그 뒤에서 수사슴이 발을 디뎠던 그 자리에 정확히 발을 디디며 펄쩍 뛰어 수사슴을 가까이 따라갔는데, 그 동작은 매우 가볍고 그 걸음은 결코 미끄러지지 않았으며, 마치 누구나 그럴 수 있다는 듯이 전혀 두려워하지 않는 것 같았다. 그렇게 사슴 두 마리는 완전한 우아함과 안정감을 가지고 뛰어 올라갔고 절벽 꼭대기에 이르자 사라졌다.

겁쟁이는 전에는 결코 느껴 보지 못한 두려움과 공포로 가득 차서 손으로 얼굴을 감싼 채 바위 위에 주저앉았다. 그때 두 동반자가 그들의 손으로 자기 손을 잡고 이렇게 말하는 것을 들었다.

"무서워하지 말아라, 겁쟁이야. 여기서 다 끝난 것이 아냐. 그리고 우린 되돌아가지 않을 거야. 이 절벽 표면에는 위로 올라가는 길이 있어. 수사슴과 암사슴이 확실히 보여 주었어. 우리도 그 길을 따라 올라갈 수 있을 거야."

"아, 아니야! 못해!"

겁쟁이는 거의 비명을 지르다시피 했다.

"저 길로는 절대 못 올라가. 사슴은 몰라도 사람은 오를 수 없어. 나는 절대로 올라가지 못할 거야. 머리를 처박고 떨어져 저 무시무시한 바위들에 부딪혀서 산산조각이 날 거라구."

그녀는 이성을 잃고 흥분하여 흐느꼈다.

"불가능해. 절대로 못 올라가. 저 길로는 높은 곳에 갈 수 없어. 결국, 나는 결코 거기에 가지 못할 거야."

안내자들이 뭔가 더 말하려 했지만 겁쟁이는 손으로 귀를 막고 또다시 공포로 흐느끼며 비명을 질렀다. 목자와 그토록 친밀했던 겁쟁이가 이제는 절벽 아래 앉아 손을 꽉 쥐고는 두려움에 떨고 흐느끼면서 "나는 못해. 할 수 없어. 난 죽어도 높은 곳에 가지 못할 거야"라고 되뇌고 있었다. 이보다 더 왕족의 품위를 잃은 모습은 상상할 수 없었지만, 더 나쁜 일이 기다리고 있었다.

겁쟁이가 땅에 쭈그리고 앉아 완전히 탈진해 있을 때, 저벅저벅 걷는 소리와 돌 흩어지는 소리가 들렸고, 곧 이어 겁쟁이의 등 뒤쪽에서 어떤 목소리가 들렸다.

"하하! 내 귀여운 사촌, 드디어 다시 만났구나! 그래 지금 기분이 어떠냐, 겁쟁이야? 꽤나 근사하고 즐거운 상황인데 말야."

겁쟁이가 두려움에 질려 눈을 뜨자 소름끼치는 비겁쟁이의 얼굴이 보였다.

"내 이럴 줄 알았지."

그는 매우 혐오스럽게 비웃으며 말을 이었다.

"그래, 결국에는 다시 만날 거라고 진작부터 생각했었지. 이 불쌍한 바보야, 정말 나를 완전히 피할 수 있을 거라고 생각했었니? 아니지, 아니야. 겁쟁이야, 너는 두려움 가문의 일원이야. 그 사실을 외면할 순 없을걸. 덜덜 떨고 있는 이 멍청아, 게다가 넌 내 것이라고. 그래서 난 너를 안전하게 데리고 가서 다시는 맘대로 돌아다니지 못하게 하려고 왔지."

"난 너를 따라 가지 않을 거야."

이 무시무시한 출현에 깜짝 놀란 겁쟁이는 숨을 헐떡이면서도 이렇게 말했고, 또 매몰차게 덧붙였다.

"절대로 너랑 가지 않아."

"그래? 그럼 선택해 보시지."

비겁쟁이는 비웃으며 말했다.

"사랑스러운 내 사촌아, 네 앞에 있는 절벽을 좀 보렴. 저 위에 올라가면 아주 기분 좋겠지? 내가 가리키는 데를 보란 말야, 겁쟁이야. 저기 절벽 중간쯤을 보라고. 아찔하게 보이는 좁은 바위 길이 뚝 끊어져 있으니까, 넌 그 다음 바위까지의 넓은 틈을 펄쩍 뛰어넘어야겠네. 네가 그렇게 펄쩍 뛰는 모습을 상상해 보렴, 겁쟁이야. 그리고는 미끄러운 바위를 붙잡고 공중에 대롱대롱 매달려 있다가 얼마 버티지 못하는 모습도 생각해 보라고. 너를 조각조각 짓뭉개려고 기다리는 저 절벽 밑의 험하고 칼날처럼 뾰족한 바위들 위로 네가 쏜살같이 떨어지는 모습을 좀 상상해 보란 말야. 아주 기분 좋겠지, 겁쟁이야? 한번 머리 속에 그려 보란 말야. 이 길에는 저렇게 끊어진 곳이 한 군데뿐만이 아니거든. 이 어리석은 것아, 더 높이 올라가면 올라갈수록 계속 떨어지게 될 거야. 자, 그러니 잘 선택하라구. 잘 알고 있겠지만, 올라가려다 결국 실패하고 바닥에 떨어져 박살이 나든지, 아니면 돌아가서 나와 함께 살면서 영원히 내 종이 되든지."

그의 비웃는 웃음소리가 다시 한 번 바위와 암벽에 메아리쳤다.

"겁쟁이야"

두 안내자는 그녀를 향해 몸을 숙이고 부드러우면서도 단호하게 그녀의 어깨를 흔들었다.

"겁쟁이야, 네가 어디서 도움을 받을 수 있는지 알잖아. 도움을 청해."

겁쟁이는 그들에게 매달려 다시 울먹이며 말했다.

"요청하기가 겁나."

그녀는 숨을 몰아쉬며 말했다.

"만약 목자님을 부르면 저 길로 가라고 하실까 봐 겁이 나. 난 저 무시무시한 길로는 도저히 갈 수 없어. 불가능해. 난 감당할 수 없어. 아, 나는 어떡해야 하지? 어떻게 하면 좋지?"

슬픔이 겁쟁이를 향해 몸을 숙이고는 매우 온유하지만 다급하게 말했다.

"겁쟁이야, 그분을 불러야 해. 당장 불러."

겁쟁이는 이가 맞부딪칠 정도로 덜덜 떨면서 말했다.

"만일 목자님을 부르면, 나에게 제단을 쌓으라고 하실 거야. 그렇게는 못해. 이번만은 못하겠어."

비겁쟁이는 승리의 웃음을 터뜨리며 겁쟁이에게 한 걸음 다가왔다. 그러나 두 동반자가 그와 희생물 사이를 가로막았다. 그리고 나서 고통이 슬픔을 쳐다보자 슬픔이 고개를 끄덕였다. 그러자 고통은 허리띠에 매여 있는 작고 날카로운 칼을 뽑았다. 그리고 쭈그리고 앉아 있는 겁쟁이를 향해 몸을 숙이고서 그녀를 찔렀다. 겁쟁이는 고통스러워 소리를 질렀고, 그 세 명 앞에서 자신의 무력함을 드러내면서 완전히 절망에 빠진 채, 애초에 길이 절벽과 만났을 때 해야 했던 일을 했다. 부끄러웠지만 그렇게 할 수밖에 없었던 것은 그녀가 너무나 큰 곤경에 처해 있었기 때문이었다. 그녀는 울부짖었다.

"오 주님, 제 마음이 눌리오니 저를 도와 주세요. 저는 두려움에 휩싸여 주님을 바라볼 수도 없습니다."

그러자 목자의 음성이 곁에서 들렸다.

"왜 그러니, 겁쟁이야, 무슨 일이니? 힘을 내거라. 내가 여기 있으니 두려워 말아라."

그의 음성은 매우 기분 좋고 힘찼으며, 게다가 꾸짖는 기색이 전혀 없이, 마치 진하고 원기를 돋우는 음료수가 그녀의 가슴속에 쏟아 부어진 것 같았고, 목자에게서 흘러나오는 용기와 힘의 물결이 그녀에게 밀려들어오는 듯했다.

겁쟁이가 일어서서 목자를 바라보니, 그는 미소짓고 있었고 그녀를 향해 큰 소리로 웃음을 터뜨리려 하는 것 같기도 했다. 그녀의 눈동자에는 부끄러움이 어려 있었지만, 그의 눈동자에서 그에 응수하는 책망의 기색은 찾아볼 수 없었다. 그때 연약하여 떠는 다른 영혼들이 한 말이 갑자기 그녀 가슴속에 메아리쳤다.

"나의 주님은 두려워하는 자들을 매우 동정하시며 긍휼히 여기신다네."

그러한 목자의 모습을 보자, 가슴속에서는 감사가 샘솟듯 솟구쳤고 얼음처럼 차가운 손으로 그녀를 움켜잡고 있던 두려움이 사라졌으며, 기쁨이 활짝 꽃피었다. 졸졸거리는 시냇물처럼 작은 노래가 그녀의 가슴속으로 지나갔다.

나의 사랑하는 자는
만 명 중에 가장 승하다네
그는 온전히 사랑스럽고
온전히 아름다우니
나의 사랑하는 자는 너무나 부드럽고
강하여 그 누구도 비교할 수 없다네.

목자가 다시 물었다.

"겁쟁이야, 무슨 일인지 내게 말해 다오. 왜 그렇게 두려워했니?"

"목자님께서 저를 위해 선택하신 길 때문이었어요."

그녀는 낮게 속삭였다.

"목자님, 그 길은 너무 무섭고 그리로 가는 것은 불가능해 보여요. 그 길을 볼 때마다 현기증이 나고 정신이 아득해져요. 노루나 사슴은 그리로 갈 수 있지만, 그들은 저처럼 절뚝거리지도 무력하지도 겁이 많지도 않잖아요."

"하지만 겁쟁이야, 내가 수치의 골짜기에서 네게 약속했던 것이 무엇이지?"

미소를 지으며 목자가 물었다.

겁쟁이는 깜짝 놀란 모양이었다. 그녀의 뺨은 확 붉어졌다가 다시 핏기가 사라져 이전처럼 창백해졌다.

"목자님께서는…."

그녀는 말을 꺼냈다가 주춤한 후 다시 말하기 시작했다.

"아 목자님, 목자님께서는 제 발을 사슴의 발같이 하시고 저를 높은 곳에 다니게 하시겠다고 말씀하셨어요."

목자는 쾌활하게 말했다.

"그래, 사슴의 발을 갖게 되는 유일한 방법은 바로 이 길처럼 사슴이 다니는 길로 가는 거야."

겁쟁이는 전율을 금치 못했고 부끄러워하는 얼굴로 목자를 바라보며 천천히 고통스럽게 말했다.

"만약 사슴의 발을 갖기 위해 저런 길을 가야 한다면 저는 사슴의 발을 갖고 싶지 않아요."

목자는 매우 놀라운 사람이었다. 실망하거나 비난하는 대신, 다시 소리 내어 웃었다.

"오, 그러니?"

그는 쾌활하게 말했다.

"겁쟁이야, 나는 너 자신보다도 널 더 잘 안단다. 너는 정말로 사슴의 발을 원하고 있고, 약속하건대 너는 사슴의 발을 갖게 될 거야. 사실 나는 일부러 너를 이 사막 뒤쪽으로 데려왔단다. 이 산지는 매우 가파르고 사슴이나 야생 염소가 다니는 길 외에는 네가 올라갈 길이 없단다. 네게 한 나의 약속이 이루어지게 하려고 이렇게 하는 거야. 우리가 마지막으로 만났을 때 내가 네게 뭐라고 했지?"

"목자님께서는 '이제 너는 내가 행하는 일을 볼 거야'라고 말씀하셨어요."

그녀는 이렇게 대답하고는 비난하듯 목자를 바라보며 덧붙였다.

"하지만 목자님께서 이렇게 하시리라고는 꿈도 꿔 보지 않았어요! 저는 약한 해파리 같고 사슴이나 염소와는 전혀 다른데, 다른 것들은 올라갈 수도 없고 사슴과 염소만 갈 수 있는 절벽으로 저를 인도하시다니요. 이건 너무해요, 너무해요…."

그녀는 할 말을 찾아 더듬거리다가 웃음을 터뜨렸다.

"세상에, 이건 너무 터무니없이 황당해요! 이건 미친 짓이에요! 다음엔 또 어떤 일을 하실 건가요?"

목자도 웃음을 터뜨리며 대답했다.

"나는 터무니없는 일 하기를 좋아하지. 그 무엇보다도 나를 유쾌하고 즐겁게 하는 일은 연약함을 강함으로, 두려움을 믿음으로, 흠이 있는 것을 온전한 것으로 변화시키는 거야. 지금 이 순간 다른 무엇보다도 하고 싶은 일은 해파리를 야생 염소로 변화시키는 것이지. 그게 내 전문이야."

그는 매우 기쁜 얼굴로 덧붙여 말했다.

"변화시키는 것, 예를 들자면 겁쟁이는 무엇으로 변할까…."

목자는 말을 끊고 소리내어 웃었다.

"글쎄, 겁쟁이가 무엇으로 변화될지는 나중에 보게 될 거야."

정말로 희한한 광경이었다. 조금 전까지도 두려움과 절망이 가득하던 곳에서, 올라갈 수 없는 절벽 밑의 바위 위에 앉아 지금 목자와 겁쟁이는 이 세상에서 가장 우스운 일이라도 있는 듯이 소리내어 웃고 있었다.

이윽고 목자가 말했다.

"자, 해파리 아가씨, 내가 너를 야생 염소로 변화시켜서 절벽 꼭대기로 데려갈 수 있다고 믿느냐?"

"예."

겁쟁이는 대답했다.

"내가 그렇게 하게 해주겠니?"

"예"라고 겁쟁이는 대답했다.

"그렇게 말도 안되고 터무니없는 일을 꼭 하고 싶으시다면 그렇게 해보세요."

"네가 산을 오를 때 부끄러움을 당하도록 내가 내버려둘 거라고 생각하니?"

겁쟁이는 목자를 보며 전에는 결코 할 수 없었던 말을 했다.

"그렇게 하신다 해도 저는 괜찮아요. 목자님, 오직 목자님의 뜻을 제게 이루어 주세요. 다른 것은 중요하지 않아요."

그녀가 이렇게 말할 때 아름다운 광경이 나타났다. 완벽한 아치 모양의 쌍무지개가 수사슴과 암사슴이 지나갔던 지그재그형 길을 찬란하게 물들이며 절벽 위에 나타났던 것이다. 매우 아름답고 특별한 광경이어서 겁쟁이는 경이와 환희로 숨이 막혔는데, 더욱 놀라운 모습이 보였다. 그녀가 목자와 이야기하는 동안 한쪽으로 비켜났던 슬픔과 고통이 각각 길 양쪽에 서 있었는데, 무지개의 끝이 그들이 서 있는 바로 그 곳에 닿아 한 쪽은 고통에게, 다른 한 쪽은 슬픔에게 닿아 있었다.

무지개의 빛나는 색깔 때문에 베일을 쓴 고통과 슬픔이 너무나도 아름답게 변모해서 겁쟁이는 눈이 부셔 그들을 오래 쳐다볼 수 없을 정도였다.

그런 후, 그녀는 조금 전까지만 해도 전혀 불가능해 보였던 행동을 했다. 절벽 밑에 무릎 꿇고 앉아 제단을 쌓고 그 위에 그녀의 의지, 두려움, 위축된 마음을 올려놓았다. 잠시 후에 제단 위에 불이 임했을 때, 재 가운데에는 다른 것보다 더 크고 거칠어 보이는 돌이 있었다. 모서리가 뾰족하고 어두운 색인 것을 빼고는 보통 돌들과 같았다.

그녀는 그 돌을 주머니에 넣고 일어나서 다음에 할 일을 목자가 알려 주기를 기다렸다. 그녀가 마음속으로 바란 것은 광야로 내려갔을 때처럼 목자가 그녀를 데리고 무시무시한 절벽을 같이 올라가는 것이었지만, 그는 그러지 않았다.

그 대신 그는 그녀를 절벽 밑으로 데리고 가서 말했다.

"자, 겁쟁이야, 드디어 높은 곳으로 올라가는 기슭에 도착했구나. 이제 새로운 단계의 여정이 시작될 거야. 네가 배워야 할 새로운 교훈들이 너를 기다리고 있단다. 지금까지 걸어온 길을 막고 있는 이 절벽이 있는 곳은 상처산 기슭이란다. 이 산지 전체는 여기서 양쪽으로 쭉 뻗어 있고, 어디나 여기처럼 혹은 여기보다 더 가파르단다. 능욕의 산, 미움의 산, 핍박의 산 등, 이 산 외의 산들에 있는 절벽은 훨씬 더 무시무시하단다. 최소한 이 중 하나를 통과해야만 높은 곳과 사랑의 왕국으로 들어갈 수 있지. 그 중에서 너를 위해 선택한 것이 이 절벽이야.

여기로 오는 길에 너는 '기쁨으로 받아들임(Acceptance-with-Joy)'의 교훈을 배웠지. 그것은 사랑의 알파벳의 첫 번째 글자야. 이제 너는 사랑의 알파벳의 B를 배워야 해. 지금 너는 상처산 기슭에 서 있고, 사랑의 알파벳 A를 갖고 있는 것처럼 이 절벽을 올라가는 동안 사랑의 알파벳 두 번째 글자가 무엇인지를 알아내고 그것을 배우고 실천하기를 바래. 네가 비록 지금은 상처의 절벽을 맞닥뜨려 올라가야 하지만, 사랑의 오르막길에서 두 번째 교훈을 잘 배워 확고히 실천한다면, 아무리 힘든 절벽이나 어려움일 지라도 너를 조금도 해치 못할 거라는 사실을 기억하렴."

목자는 이 말을 한 후 엄숙하고도 부드럽게 겁쟁이의 머리 위에 손을 얹고 축복했다. 그리고 나서 그녀의 동반자들을 부르자 그들은 즉시 앞으로 나왔다. 다음에 목자는 암벽 사이의 갈라진 틈에서 밧줄을 꺼내어 절벽을 올라갈 셋을 직접 한 줄로 연결시켜서 묶었다. 슬픔이 앞에, 고통이 뒤에, 그리고 겁쟁이가 가운데 있게 했는데, 강하고 미끄러지지 않는 두 사람이 앞뒤에 있어서, 겁쟁이가 미끄러져 떨어지더라도 그들이 밧줄로 그녀를 붙잡아 받쳐 줄 수 있었다.

마지막으로, 목자는 옆구리에 손을 넣더니 작은 음료수 병을 꺼내어 겁쟁이에게 주며, 절벽을 올라가면서 현기증이 나거나 정신이 아득할 때 조금씩 마시라고 말했다. 병에는 "은혜와 위로의 영"이라고 씌어 있었다. 겁쟁이가 그것을 한두 방울 마시자 힘이 나고 원기를 얻었기 때문에 올라갈 수 있는 준비가 되었고, 비록 가슴 한구석에는 두려움이 조금 남아 있었지만 현기증은 완전히 사라졌다.

거의 저녁 무렵이었지만, 여름이라 어두워지려면 아직 두세 시간이 남아 있었다. 목자는 즉시 출발하라고 말했다.

"밤이 되기 전에 절벽 꼭대기에 도달할 수는 없지만, 여기서 보이지 않는 동굴이 절벽 중간에 있기 때문에 거기서 휴식을 취하고 안전하게 밤을 지샐 수 있단다. 만일 여기 절벽 아래에 머문다면 분명히 대적들이 갑자기 너희를 덮쳐서 해치려 할 것이다. 하지만 그들은 이 길로는 너희를 쫓아가지 못할 거다. 너희는 이미 그들이 따라올 수 없는 곳에 가 있게 될 테니."

목자는 마지막으로 한마디를 덧붙였다.

"하지만 꼭대기에 올라간 후에도 그들을 다시 만날지 모른다."

그는 말을 마치면서 격려의 미소를 보냈다. 슬픔이 절벽 앞 지그재그형으로 나 있는 좁은 길에 첫발을 올려놓았다. 겁쟁이가 그 다음으로 발걸음을 내디뎠고, 그 뒤를 고통이 이어 절벽을 올라가기 시작했다.

10

상처의 절벽 오르기

일단 올라가기 시작하자, 생각했던 것보다 무섭지 않다는 사실을 발견하고 겁쟁이는 놀라면서도 깊이 감사했다. 가파르고, 힘들고, 미끄럽고, 또한 너무 좁아서 고생스러웠지만, 힘센 동반자들과 밧줄로 묶여 연결되어 있다는 것이 큰 안도감을 주었다. 그리고 '은혜와 위로의 영'이라는 음료수를 방금 마셨기 때문에 가장 두려워했던 절벽 아래를 내려다보는 일에도 현기증을 느끼지 않았다. 더구나, 일행이 절벽을 올라가는 처음 삼십 분 동안은 무지개가 여전히 그들의 머리 위에서 빛났으며, 비록 보이지는 않았지만 목자가 여전히 그들 가까이 있는 것같이 느껴져 즐거웠다.

겁쟁이는 꼭 필요한 경우 외에는 아래를 내려다보지 않았지만, 출발한 지 얼마 지나지 않아, 힘든 구간을 지나가기 위해 슬픔이 앞에서 길을 더듬어 찾고 고통은 뒤에서 기다리고 있는 동안 그녀는 암벽에 나 있는 움푹 들어간 작은 구멍 속에서 기다려야만 했었다.

바로 그때, 그녀는 아래를 내려다보면서 목자가 그들을 그 날 저녁에 출발시켜서 낭떠러지 밑에서 밤을 보내지 않게 한 것에 대해 매우 감사했다. 낭떠러지 밑의 바위 위에 대적 다섯이 모두 앉아 겁쟁이 일행을 응시하며 분노와 심술로 얼굴을 찌푸리고 있었기 때문이다. 그 광경을 바라보던 겁쟁이는 자기연민(언제나 다른 자들보다는 덜 추하고 덜 위험해 보였던)이 몸을 굽혀 날카로운 돌을 집어 들더니 자기에게 있는 힘껏 던지는 것을 보고 매우 깜짝 놀랐다. 다행히도 일행은 돌에 맞을 거리에서 이미 벗어나 있었지만, 그 뾰족한 돌멩이는 그녀 바로 밑 절벽에 부딪혔다. 그때, 슬픔이 이제 전진할 수 있다는 신호로 밧줄을 부드럽게 잡아당겼기 때문에 겁쟁이는 크게 안도했다.

그녀는 절벽을 다 올라가면 적들을 다시 만날 수도 있다는 목자의 경고를 기억했다. 그들이 어떻게 상처의 절벽을 올라올 수 있는지 겁쟁이는 알지 못했고, 다만 대적들이 다닐 수 있는 다른 길이 있을 거라고 추측할 뿐이었다.

세 명의 일행이 계속해서 더 높이 절벽을 오르고 있을 때, 저 밑에 있는 평원에 진 절벽의 그림자는 더욱 길어졌고, 태양은 빛나는 광휘 가운데 광야와 대양 너머로 사라져 갔다. 그 높이에서는 그들이 해안을 따라 오래도록 여행했던 서쪽 바다가 뚜렷이 보였다.

그들이 따라가는 절벽 길은 이리저리 구부러져 계속 위로 이어졌고 쉽게 무너져 내리며, 심지어 어떤 곳에서는 뚝 끊겨 있기도 했지만, 도저히 못 지나갈 정도인 곳은 없었기 때문에 겁쟁이는 크게 안심했다. 심지어 비겁쟁이가 구체적으로 지적했던 절벽 중간 지점도 그렇게 힘들지는 않았다.

막 어둠이 깔리기 시작할 즈음에 그 중간 지점에 도착했는데, 길은 완전히 끊어져 있었지만 끊어진 틈 사이에는 두꺼운 널빤지가 놓여 있었고, 암벽 표면에는 밧줄이 끼워져 있는 쇠고리들이 붙어 있어서, 좁은 다리를 건널 때 붙잡을 수 있었다. 물론 사슴이라면 그런 불필요한 보조물은 무시하고 마치 아무 문제 없다는 듯이 펄쩍 뛰어넘을 것이다. 하지만 붙잡고 지탱할 수 있는 튼튼한 난간이 있어도, 겁쟁이는 비겁쟁이가 생생하게 묘사했던 장면을 상상하지 않으려고 매우 애써야만 했다. 겁쟁이는 상상 속의 장면이 실제의 사실보다 훨씬 더 사람을 낙담시키고 두렵게 할 수 있다는 것을 쓰라린 경험을 통해 알게 되었다.

널빤지 다리를 무사히 건너자 밑에서는 전혀 보이지 않는 아주 좁게 파인 곳이 있었다. 바로 목자가 말한 그 안식처가 눈앞에 있었는데, 그들이 밤을 보낼 수 있는 작은 동굴이었다.

겁쟁이는 크게 안도하고 감사하며 그 안으로 들어가 주변을 둘러보았다. 아찔한 낭떠러지 밑은 보이지 않고 평원과 사막, 그리고 저 멀리 떨어져 있는 바다를 바로 볼 수 있었다. 방금 떠오른 달은 만물 위에 순결한 은빛을 비추었고, 초저녁 별들은 어두워져 가는 하늘에 깜빡거리는 촛불처럼 떠올랐다. 동굴 안에는 평평한 바위들이 있어서 울퉁불퉁하나마 의자와 테이블이 되었고, 한쪽에는 양가죽이 쌓여 있어 그 위에서 휴식할 수 있었다.

동굴 입구 근처에서는 작은 물줄기가 절벽을 따라 똑똑 떨어지고 있어서 일행은 교대로 그 물을 마시고 원기를 회복했다. 그리고 슬픔과 고통이 절벽 밑에서 목자가 준 빵과 말린 과실과 나무 열매가 든 꾸러미 두 개를 꺼냈다. 그들은 그것을 즐겁게 먹으며 배고픔을 해결한 후, 피로에 못 이겨 눕자마자 꿈도 꾸지 않고 잠에 빠져들었다.

겁쟁이는 새벽 첫 햇살에 눈을 뜨고는 일어나서 동굴 입구로 걸어갔다. 그녀가 혼잣말을 참을 수 없을 정도로 너무나 적막한 풍경이 차가운 여명 속에 펼쳐져 있었다. 눈길이 닿는 곳은 전부 텅 빈 평원과 바다였고, 위로는 험악한 절벽에 아래로는 뾰족뾰족 날카로운 바위가 있었다. 그들이 지나왔던, 숲이 우거진 쾌적한 곳은 보이지 않았고, 눈에 보이는 광활한 지역에는 단 한 그루의 나무나 심지어 왜소한 덤불조차 없었다.

'너무 황량하구나' 라고 겁쟁이는 생각했다.

'그리고 저 밑에 있는 바위들은 정말 잔혹해 보여. 마치 자기 위에 떨어지는 것들을 모조리 상처 입히고 파괴하려고 기다리고 있는 것 같아. 이 황무지에서는 아무것도 자랄 수 없을 거야.'

바로 그때, 그녀는 머리 위의 절벽을 보고 놀랍고도 기뻤다. 작은 바위

틈 사이로 가끔씩 물방울이 뚝뚝 떨어지는 곳에 풀 한 포기가 있었던 것이다. 이파리가 두세 개밖에 없고, 가지는 거의 머리카락만큼이나 가늘게 난 풀이 암벽에서 직각으로 뻗어 있었다. 그 줄기 끝에는 피같이 붉은 한 송이 꽃이 이른 아침의 햇빛을 받아 불꽃처럼 빛나고 있었다.

겁쟁이는 한동안 그것을 물끄러미 바라보고는 그 풀꽃이 완전히 암벽에 둘러싸인 채 아주 작은 구멍을 통해 햇빛을 향해 빠져 나와 있고, 그 꽃 주변의 환경은 황량하고 쓸쓸하기 그지없다는 것을 알아차렸다. 뿌리는 돌덩어리들로 완전히 둘러싸여 있었고 이파리들은 감옥과 같은 돌무더기 바깥으로 간신히 나와 있었지만, 그 풀꽃은 포기하지 않고 꽃을 활짝 피웠고 태양을 향해 그 작은 얼굴을 쳐든 채 기쁨의 불꽃처럼 타오르고 있었다. 겁쟁이는 그것을 바라보면서 광야에서 했던 것과 같은 질문을 던졌다.

"작은 꽃아, 네 이름이 뭐지? 너와 같은 꽃은 전에 한 번도 본 적이 없어."

그 순간, 태양 빛이 피처럼 붉은 꽃잎을 비추자 그 꽃은 더욱 선명하게 보였다. 그리고 이파리들이 작게 속삭였다.

"내 이름은 '값을 치름을 견뎌냄(Bearing-the-Cost)' 이고, 때로는 '용서' 라 불리기도 해요."

겁쟁이는 목자의 말을 기억했다.

'이 절벽을 올라가는 동안 두 번째 사랑의 교훈을 발견하게 될 거야. 그 즉시 그것을 실행해라.'

겁쟁이는 그 작은 꽃을 응시하며 다시 말했다.

"왜 너를 그렇게 부르니?"

다시 한 번 이파리 사이로 지나가는, 웃음을 띤 속삭거림이 겁쟁이에게
는 이렇게 들렸다.

"나는 모든 친구들과 헤어지고 집 떠난 나그네가 되어 여기로 옮겨지고
이 바위 사이에 갇혔어요. 내가 선택한 일이 아니고 다른 이들이 한 일이지
만, 그들은 나를 여기 떨어뜨려 두고 떠나 버렸고 오직 나만이 그들이 한
일의 결과를 감당하게 되었어요. 그러나 나는 인내했고 약해지지 않았답니
다. 나의 사랑은 멈추지 않았고 그 사랑의 힘으로 바위틈을 뚫고 나와 마침
내 내 사랑, 태양을 똑바로 볼 수 있게 되었어요. 자, 보세요! 그 무엇도 내
사랑과 내 마음을 갈라놓지 못하고, 내 사랑에 마음을 다하지 못하도록 정
신을 산만하게 하는 것도 내 주변에는 전혀 없어요. 나의 사랑 태양이 내
위에서 빛나며 나를 즐겁게 하고 내가 잃은 것, 내가 겪은 모든 역경들을
보상해 주고 있어요. 이 세상에 나보다 더 복되고 만족스러운 꽃은 없어요.
나는 내 사랑을 바라보며 젖뗀 아이처럼 '하늘에 당신 외에 내게 누가 있으
리요 이 땅에서도 내가 바랄 분은 오직 당신뿐입니다' 라고 말할 수 있으니
까요."

자기 머리 위에서 자라고 있는 꽃이 불꽃처럼 붉고 아름답게 타오르는
것을 바라보자, 겁쟁이의 가슴속에는 질투 비슷한 갈망이 일어났다. 겁쟁
이는 무엇을 해야 할지 알았다. 사방으로 갇혀서 자라고 있는 꽃 밑의 좁은

바닥에 무릎을 꿇고 그녀는 말했다.

"오 내 주님, 저를 보소서. 저는 주님의 보잘것없는 여종, '값을 치름을 견뎌냄' 입니다."

그 순간 꽃의 뿌리를 둘러싸고 있던 바위 한 부분이 부서져서 그녀의 발치에 떨어졌다. 그녀는 그것을 집어들어 매우 부드러운 손길로 다른 일곱 개의 돌들과 함께 주머니에 넣고서 동굴로 돌아왔다. 슬픔과 고통이 빵과 건포도와 나무 열매를 준비해 놓고 그녀를 기다리고 있었다. 감사 기도를 드리고 식사한 후에 그들은 다시 서로의 몸을 한 줄에 묶고 나서 절벽을 오르기 시작했다.

잠시 후, 매우 가파르고 미끄러운 곳에 이르렀다. 그런데 갑자기 겁쟁이가 날카로운 돌부리에 걸려 넘어지는 바람에 처음으로 심하게 다쳤다. 밧줄로 튼튼히 묶여 있었던 것이 천만다행이었다. 그렇게 묶여 있지 않았다면 그녀는 너무 놀란 나머지 현기증을 일으켜서 길 밖으로 미끄러져 쏜살같이 아래로 떨어져서는 밑에 깔려 있는 바위들에 부딪혀 가루가 되었을 것이다. 그런 생각이 들자 겁쟁이는 몹시 무섭고 떨려서 암벽에 기대어 웅크린 채 어지러움을 느끼며 떨어질까 봐 무서워 죽겠다고 동료들에게 울부짖을 뿐이었다.

그러자 제일 앞에 있던 슬픔이 즉시 밧줄을 더 확실하게 조였고, 고통은 다가와 겁쟁이를 팔로 감싸안고 다급히 말했다.

"목자가 준 음료수를 좀 마셔 봐."

겁쟁이는 몹시 어지럽고 무서워서 고통의 품에 기대어 숨을 헐떡이기만 했다.

"음료수 병이 어디 있는지 모르겠어. 찾으려고 움직이지도 못하겠어."

그러자 고통이 기절하기 직전인 그녀 품에 손을 넣어 병을 꺼내고는 몇 방울을 입에 흘려 넣어 주었다. 몇 분 지나자, 겁쟁이의 뺨에는 혈색이 돌아왔고 어지러움이 점점 가시기 시작했지만 여전히 움직이지는 못했다. '은혜와 위로의 영'을 좀더 마시고 나서야 그녀는 비로소 원기를 회복하기 시작했다.

앞서가다가 그녀가 웅크리고 있는 곳으로 되돌아온 슬픔이 부드럽게 줄을 잡아당겨 길이를 줄여서 겁쟁이의 손을 잡은 후 그들은 다시 낭떠러지를 오르기 시작했다. 그러나 겁쟁이는 넘어졌을 때 양 무릎을 심하게 다쳤기 때문에 아주 고통스럽게 절룩이고, 연신 신음하고, 자꾸 멈추어 서면서 아주 천천히 앞으로 나아갈 수밖에 없었다. 동반자들은 매우 인내심이 큰 편이었지만, 나아가는 속도가 너무 느렸기 때문에 마침내 좀더 속력을 내야만 했는데, 안 그러면 해질녘이 되기 전에 절벽 꼭대기에 도달하지 못할 것이고 중간에 쉴 동굴도 없기 때문이었다. 그러던 중 마침내 고통이 몸을 숙여 그녀를 바라보며 물었다.

"겁쟁이야, 오늘 아침에 혼자 나가서 어디 갔었지?"

겁쟁이는 깜짝 놀라 고통을 바라보며 얼굴을 붉히고 말했다.

"나는 전에 보지 못한 꽃이 물줄기가 떨어지는 바위 가운데서 자라는 것을 보았어."

"무슨 꽃이었는데?"

고통이 매우 부드럽게 질문을 이었다.

"'값을 치름을 견뎌냄'이라는 꽃이었어. 어떤 이들은 '용서'라고 부르기도 한대."

겁쟁이는 매우 나지막하게 대답했다.

그녀는 잠시 동안 침묵한 채, 자신이 쌓았던 제단을 기억하고는 새롭고도 어려운 그 사랑의 알파벳을 자신이 실행하지 않고 있다는 것을 깨달았다. 그리고 나서 그녀는 말했다.

"그 음료수를 무릎에 조금 바르면 효과가 있지 않을까?"

"한번 해보자. 정말 좋은 생각이야."

슬픔과 고통이 함께 말했다.

양 무릎에 그 음료수를 조금 떨어뜨리자 거의 그 즉시로 피가 멈췄고 극심한 쓰라림과 아픔이 사라졌다. 아직도 다리를 잘 굽힐 수 없었고 매우 심하게 절룩거리긴 했지만, 그들은 훨씬 더 빠른 속도로 나아갈 수 있었다. 오후 늦게서야 그 무서웠던 절벽의 꼭대기에 도달했는데, 어린 소나무들이 자라고 있는 숲이었고 길 양옆 둑에는 이끼와 블루베리가 자라고 있었으며, 도저히 통과하지 못할 것 같았던 절벽은 이미 그들 등뒤에 있었다. 그들이 나무들 사이의 이끼 긴 둑에 앉아 쉬고 있을 때, 한 노랫소리가 아주 가까이 들려 왔다.

나의 사랑 너는 순전히 어여뻐서

아무 흠이 없구나

나와 함께 높은 곳으로 올라가서

더 아름다운 광경을 보자

몰약 산으로 가서 거기서부터

유향 언덕을 가로질러

새벽의 깨끗함과 순결함이

모든 어둠을 쫓아내는 곳으로 가자

나와 함께 가자 나의 가장 어여쁜 자야

나와 함께 레바논으로 가서

스닐과 아마나와

헤르몬 꼭대기에서 내려다보아라

그 위에 사자의 굴이 있고

표범이 그 골짜기를 배회하는구나

꼭대기에서 바라보면

이제 차지해야 할 땅이 분명히 보이는구나.

(아가 4:7-8 참조)

　　나무 사이의 개간지로 그들을 향해 다가오는 사람은 다름 아닌 목자였
다.

11

위험과 환난의 숲에서

그들은 기쁨에 넘쳐 목자를 환영했고, 그는 가운데 앉아서 그들이 절벽을 정복한 것을 축하하며 즐거워했다. 그리고 나서 목자가 겁쟁이가 넘어졌을 때 난 상처에 손을 얹자 그 즉시 완전히 나았다. 그런 다음 그는 그들이 앞으로 가야 할 길에 대해 말하기 시작했다.

"이 산지는 만년설이 쌓여 있는 설선 아래까지 숲으로 둘러싸여 있는데, 이제 너희는 그 숲을 통과할 거야. 길은 가파르지만 이곳 저곳에 안식처가 있단다. 그 곳은 위험과 환난의 숲이고, 소나무들이 아주 키 크고 빽빽이 들어서 있기 때문에 종종 매우 어두울 거야. 이 높은 산비탈에는 자주 폭풍이 몰아치지만, 나의 뜻을 따라 길을 가는 동안에는 어떤 것도 너희에게 진정 해를 끼치지는 못한다는 것을 명심하고 계속 나아가도록 해."

바로 밑의 '통과 불가능한 낭떠러지'를 비롯하여, 그렇게도 수많은 어렵고 험한 곳을 무사히 정복했으면서도, 겁쟁이가 여전히 이름과 똑같다는 것은 예상 밖의 일이었다. 목자가 '위험과 환난'이라는 말을 하자마자 또 다시 그녀는 온몸을 덜덜 떨기 시작했던 것이다.

"위험과 환난의 숲이라고요!"

겁쟁이는 떨리는 가련한 목소리로 되뇌었다.

"오, 목자님, 다음에는 저를 도대체 어디로 인도하실 건가요?"

"그야 물론 높은 곳으로 올라가는 길의 다음 단계지."

목자는 즉시 대답하며 너무나 기분 좋은 미소를 지었다.

"제가 목자님 뜻대로 정말 거기 도달할 수 있을지 모르겠어요!"

가련하고 어리석은 겁쟁이는 괴로워하며 말했다.

"왜 저를 계속 괴롭히시면서 모든 일들을 포기하지 않으시려는지 모르겠어요. 저는 결코 절름발이 신세를 못 면할 것 같고, 아무리 목자님이시라도 제 발을 사슴의 발로 만들지 못하실 것 같아요."

그녀는 말하면서 자신의 발을 처량하게 쳐다보았다. 그 순간, 분명히 발은 전보다 더 심하게 구부러져 보였다.

"나는 사람이 아니기 때문에 거짓말을 하지 않는단다."

목자가 준엄하게 말했다.

"나를 봐, 겁쟁이야. 내가 너를 속일 거라고 생각하니? 내가 한 말을 내가 행하지 않겠니? 내가 말한 일들이 이루어지지 않을 것 같니?"

한편으로는 목자의 준엄한 어조 때문에, 또 한편으로는 본성이 여전히 겁쟁이인 까닭에 위험과 환난의 숲이 어떠할지를 벌써 상상하고 있었기 때문에, 겁쟁이는 약간 떨렸다. 그런 상상은 언제나 그녀에게 매우 나쁜 영향을 끼쳤지만, 겁쟁이는 뉘우치며 말했다.

"아닙니다. 목자님은 사람이 아니시니 식언치 않으시고, 하신 말씀을 실행하실 것이라고 믿어요."

목자는 다시 매우 부드럽게 말했다.

"그렇다면, 내가 너를 위험과 환난의 숲으로 인도하겠다, 겁쟁이야. 그러나 조금도 두려워할 필요는 없어. 내가 너와 함께 있을 것이기 때문이지. 내가 너를 사망의 음침한 골짜기로 인도한다 할지라도 두려워할 필요가 없어. 나의 막대기와 나의 지팡이가 너를 안위할 것이기 때문이야."

목자는 계속해서 말을 이었다.

"너는 밤에 놀람과 낮에 흐르는 살과 흑암 중에 행하는 염병과 백주에 황폐케 하는 파멸을 두려워 아니하리로다. 천인이 네 곁에서, 만인이 네 우편에서 엎드러지나 이 재앙이 네게 가까이 못하리로다… 그것은 내가 너를 나의 깃으로 덮으리니 네가 내 날개 아래 피하리로다"(시 91:5-7, 4).

이 말을 할 때 그의 음성은 이루 말할 수 없이 온유했다.

겁쟁이는 목자의 발아래 무릎을 꿇고 또 다른 제단을 쌓으며 말했다.

"제가 사망의 음침한 골짜기로 다닐지라도 해를 두려워하지 않을 것은 목자님께서 저와 함께 하실 것이기 때문입니다."

그 말을 하는 순간에도 두려워서 이가 딱딱 맞부딪쳤고 손에는 식은땀이 나서 차갑고 축축했다. 그녀는 그것을 이겨내기 위해 목자의 얼굴을 바라보며 말을 이었다.

"목자님은 사람이 아니시니 식언치 아니하시고 인자(人子)가 아니시니 후회하심이 없으십니다. 어찌 그 말씀하신 바를 행치 않으시며 하신 말씀을 선하게 이루지 않으시겠어요?"

그러자 목자는 그 어느 때보다 격려가 되는 환한 미소를 지으며 양손을 그녀의 머리에 얹고 말했다.

"강하거라, 강하고 담대하라."

그리고는 계속해서 말했다.

"겁쟁이야, 앞으로 닥칠 위험이 어떤 것인지 절대로 상상하지 말아라. 나를 믿어라. 네가 낭떠러지를 오를 때 경험했던 것처럼, 두려워하던 장소에 막상 도착해 보면 상상과는 전혀 다를 거야. 미리 경고하는데, 너의 대적들이 이 길 앞 숲에 숨어서 기다리고 있어. 만일 비겁쟁이의 말을 듣고 나쁜 상상을 떠올린다면, 두려워할 것이 없어도 두려움과 떨림과 번민에 휩싸이게 될 거야."

말을 마친 목자는 겁쟁이가 무릎 꿇고 앉아 있는 곳에서 돌을 하나 주워서 그녀에게 주고 다른 기념석들과 함께 주머니에 넣어 두게 했다. 그런 후 그는 떠났고 겁쟁이와 동반자들은 숲 속으로 나 있는 길을 따라 걷기 시작했다.

숲이 우거진 곳에 이르자마자 큰 나무 뒤에서 그들을 내다보고 있는, 비열하고 혐오스러운 자기연민의 얼굴이 보였다. 그는 굉장히 빨리 지껄이고는 다시 휙 숨었다.

"겁쟁이야, 이건 좀 너무했군. 내 말은, 도대체 그가 다음 번에는 네게 무슨 일을 시킬지 모르겠다는 거야. 용감하고 강한 사람들만이 맞설 수 있는 위험 속에, 너처럼 가련하고 연약한 절름발이에다가 겁이 많은 애를 억지로 몰아넣다니 말야. 너네 목자는 정말 비겁쟁이보다도 더 악당이야."

그가 말을 마치기가 무섭게 원망이 고개를 내밀고 심술궂게 말했다.

"그뿐 아니라, 그래야 할 아무 이유도 없다구. 숲 가장자리로 돌아서 만년설이 있는 곳까지 이어지는 아주 좋은 다른 길이 있단 말이야. 그 길로 가면 불필요한 위험을 당할 필요가 없지. 다른 사람들은 모두 그 길로 가는데, 왜 넌 그러면 안되는 거야? 겁쟁이야, 목자에게 이 길로 가지 않겠다고 말해. 그리고 보통 길로 가겠다고 주장하란 말야. 이 길은 순교자들이나 가는 길이고, 귀여운 너는 이 길에 전혀 어울리지 않아."

이번에는 비겁쟁이가 잠시 그녀를 노려보더니 깔보듯 말했다.

"그래서 영웅이라도 되시겠다 이거지? 그리고 위험한 숲을 노래하며 지나가시겠다? 결국 나중엔 미치광이처럼 소리치고 비명 지르지 않을 거라고 어떻게 장담하지? 평생 불구가 될지도 모르지."

다음은 쓴뿌리가 다른 나무 뒤에서 비웃으며 말했다.

"결국 이렇게 됐군. 내 이럴 줄 알았다구. 내가 말했던 그대로잖아. 네가 충성스럽게 힘든 관문을 하나 통과하면, 그는 언제나 훨씬 더 심한 것을 준비해 놓고 있군."

그 다음에 교만이(그는 심하게 다리를 절고 있어서 더욱 악랄하게 보였다) 말했다.

"이봐, 그는 너를 완전히 넘어뜨려 수치스럽게 하기까지는 만족하지 않을 거야. 왜냐하면 그가 그렇게 안달하고 집착하는 고귀한 겸손을 만들어 내는 방법이 그것이기 때문이지. 겁쟁이야, 그는 네가 흙먼지 같은 존재가 될 때까지 너를 낮출 거야. 그리고 너를 모든 사람들 앞에서 설설 기는 멍청이로 만들어 버릴 거다."

겁쟁이와 동반자들은 그들의 말에 대답하거나 주의를 기울이지 않고 계속 걸어갔다. 그러나 전에도 그랬듯이, 겁쟁이는 그들의 말이 들릴 때마다 더 고통스럽게 절룩였다. 어떡해야 좋을지 알 수 없는 매우 난감한 상황이었다. 그녀는 그들의 말을 들으면 다리를 절었지만, 그렇다고 그 말을 듣지 않으려고 손으로 귀를 막으면 동반자들의 손을 놓게 되어 넘어지고 미끄러질 상황이었다.

그래서 일행은 잠시 멈추어 서서 그 문제에 대해 의논을 한 후에, 고통이 자신의 허리에 매달려 있는 작은 구급상자에서 솜을 좀 꺼내 겁쟁이의 귀를 단단히 틀어막았다. 불편하긴 했지만 일시적이나마 기대했던 효과가 있었다. 다섯 심술쟁이들은 더 이상 겁쟁이가 자기들의 말을 듣지 않자 윽박지르는 데 지쳐서 괴롭힐 수 있는 다른 기회가 올 때까지 그녀를 놔두기로 하고 떠난 것이다.

처음에는 숲이 그리 무서워 보이지 않았다. 아마도 높은 산 위의 공기가 매우 신선하고 청량하여 그 공기를 마시는 사람들도 신선하고 힘이 나게 해주기 때문인 듯했다. 또한 태양도 아직 빛나고 있어서, 겁쟁이는 완전히 새사람이 되는 느낌을 받았다. 믿어지지 않는 일이지만, 그 느낌은 즐거운 모험을 시작할 때의 흥분된 전율 같았다.

자, 절름발이 겁쟁이가 위험한 숲으로 걸어 들어가면서도 걱정하지 않고 있다. 그러나 시간이 꽤 흐르자, 거대한 먹구름이 점차 하늘을 뒤덮고 태양이 구름 속으로 사라졌다. 멀리서 천둥 소리가 들리기 시작했으며 숲은 어둡고 매우 고요해졌다. 갑자기 하늘에서 번개가 내리치고 그들 앞쪽 어디에선가 대기를 찢는 듯한 굉음이 들리더니 커다란 나무가 땅에 쓰러지고, 다른 나무가 쓰러지고, 연이어 또 다른 나무가 쓰러졌다. 그리고는 거센 폭풍우가 그들 주위에서 일어났다. 천둥이 쿵쾅거리며 울리고, 사방에서 번개가 작렬하며 번쩍거렸다. 숲 전체가 신음하며 흔들리고 그들 주위로 쓰러지는 것 같았다.

그런데 가장 이상한 점은 굉음이 들릴 때마다 덜덜 떨리는 전율이 몸을 휩쓸긴 했지만, 사실 그녀는 무섭지 않았다는 것이다. 즉 그녀는 공포도, 도망가고 싶은 생각도, 진정한 두려움도 느끼지 않았다. 그것은 그녀가 계속 되풀이한 말 때문이었다.

"천인이 네 곁에서, 만인이 네 우편에서 엎드러지나 이 재앙이 네게 가까이 못하리로다. … 내가 너를 나의 깃으로 덮으리니 네가 나의 날개 아래 피하리로다."

그래서 그녀는 폭풍이 치는 내내, 전에는 결코 느껴 보지 못한 이상하고도 놀라운 평안으로 가득해서 두 동반자들 가운데서 걸으며 혼자 중얼거렸다.

"나는 죽음에 이르지 않고 살아서 주님의 일을 선포할 거야."

마침내 폭풍 소리가 점점 멀어지며 굉음이 점차 사라지더니, 잠시 후 폭풍 후의 고요가 찾아왔다. 세 여인은 멈추어 서서 옷과 머리에서 물을 짜내고 옷매무새를 정돈하려 했다. 그때, 비겁쟁이가 다시 그들 가까이 나타나서 있는 힘껏 소리질렀다.

"이봐, 겁쟁이! 폭풍은 잠시 산 반대편으로 갔을 뿐이야. 벌써 다시 오고 있고, 이번에는 아까보다 더 심할걸. 그러니까 최대한 빨리 오던 길로 되돌아서 도망가고 폭풍이 다시 시작되기 전에 이 위험한 숲에서 나가라구. 안 그러면 넌 죽어. 지금이야말로 도망갈 때란 말이야."

뜻밖에도, 여전히 머리카락에서 물이 뚝뚝 떨어지고 푹 젖은 치마가 다리에 초라하게 달라붙어 있는 겁쟁이가 외쳤다.

"이봐. 저 녀석이 내게 소리지르는 것을 더 이상 못 참겠어. 둘 모두 나를 도와 줘."

말을 마친 겁쟁이는 본보기로 돌을 주워서 똑바로 비겁쟁이에게 던졌다.

처음에는 웃음을 터뜨리던 동반자들도 다섯 대적이 숨어 있는 나무들 사이로 있는 힘껏 연달아 돌을 던지기 시작했다. 그러자 대적들은 순식간에 사라져 더 이상 보이지 않았다. 그때, 바로 앞 나무들 사이에, 곧 닥쳐올 폭풍우를 피할 은신처가 될 수 있을 듯한 통나무집이 보였다. 급히 그 오두막집으로 다가가 보니 숲에서 상당히 떨어진 개간지에 있었고, 빗장을 돌리니 기쁘게도 문이 열려서 그들은 감사하며 곧 집 안으로 들어갔다. 슬픔은 정신을 바짝 차려 들어간 즉시 문을 닫고 빗장을 잠갔는데, 그 행동은 참으로 알맞은 때에 이루어진 것이었다!

다음 순간, 바깥에서 적들이 문을 쾅쾅 두드리며 외치고 있었던 것이다.

"이봐! 문 좀 열고 우리 좀 들어가게 해줘. 폭풍이 또 오고 있단 말야. 우리를 바깥에 내버려둘 정도로 잔인하지는 않겠지?"

겁쟁이는 문으로 가서 열쇠 구멍에 대고 그들이 했던 충고를 그대로 해주었다.

"최대한 재빨리 오던 길로 돌아서서 도망가고 이 위험한 숲에서 나가라구. 만일 그렇게 하지 않는다면 너희들은 죽을 거야. 폭풍이 다시 일어나기 전에 도망갈 시간밖에 없어."

바깥에서 투덜대며 욕하는 소리와 급히 서두르며 점점 멀어져 가는 발소리가 들리는 것을 보니 이번에는 그들이 겁쟁이의 충고를 받아들인 것 같았다. 다시 몰려온 폭풍은 아까보다 더 격렬하고 심했지만, 오두막집이 있는 개간지는 나무가 쓰러지는 숲에서 벗어난 지역에 있었기 때문에 일행은 그 안에서 안전하게 거하고 있었다. 은신처의 지붕은 빗물이 한 방울도 새지 않을 정도로 비바람을 잘 견뎌 냈다.

그들은 부엌으로 사용되는 방 안 한쪽 구석에 있는 땔나무 더미와 그 위에 얹혀 있는 주전자와 냄비를 발견했다. 고통이 부지런히 불을 지피는 동안 슬픔은 주전자를 창문 밖 홈통 아래에 두어서 빗물을 받았다. 겁쟁이는 벽에 걸려 있는 찬장에 어떤 귀한 것이 있는지 살펴보았다. 과연, 선반에는 도자기 그릇들과 음식 통조림들이 있었고, 또 누룩을 넣지 않은 비스킷도 큰 통에 담겨 있었다.

그렇게 해서, 바깥에서는 여전히 폭풍이 사납게 포효하고 으르렁거렸지만, 그들은 빠지직 소리를 내며 타오르는 불 곁에 앉아 몸을 데우고 흠뻑 젖은 옷을 말리며, 기분을 풀어 주는 뜨거운 코코아를 마시면서 허기를 채웠다. 밖의 폭풍 소리는 귀가 먹먹할 정도였고, 또 돌풍이 불 때마다 오두막집이 흔들렸지만, 안에는 평화와 감사와 즐거운 만족만이 가득했다.

겁쟁이는 이 순간이 지금까지의 여정 중에서 가장 행복하고 평화로운 시간이라고 생각하다가 자신이 그런 생각을 한다는 사실에 놀랐다. 그들은 오두막집 다른 한 구석에 침대요가 쌓여 있는 것을 발견하고 그 위에 몸을 눕혔고, 겁쟁이는 나지막하게 혼자 읊조렸다.

"그가 나를 그 깃으로 덮으시리니 내가 그 날개 아래 피하리로다."

폭풍이 이삼 일 동안 매우 심하게 지속되었지만, 일행은 은신처에서 조용히 쉬면서 잠깐 폭풍이 멈추면 바깥에 나가 나무를 주워 왔다. 주워 온 나무는 화덕에 말려서 그들이 사용한 나무를 보충하여 나중에 다른 이들이 와서 쓸 연료가 부족하지 않게 했다. 음식 통조림과 누룩을 넣지 않은 비스킷은 항상 많이 저장되어 있는 것 같아서, 그들은 목자의 종들이 가끔씩 오두막집을 찾아와 채워 놓는 것이 분명하다고 생각했다.

사나운 폭풍 속에서도 고요한 나날을 보내는 동안, 겁쟁이는 두 동반자를 새로운 면에서 이해하게 되었고 그들이 사용하는 산지의 방언도 더 많이 알게 되었다. 희한하게도, 그들이 단지 목자가 함께 가라고 명령한 안내자나 조력자가 아닌, 진정한 친구로 느껴지기 시작했다. 또한 그들과의 친교를 받아들이자 어느 때보다도 주변 세상의 아름다움과 환희를 더 생생히 느끼게 되었다.

마치 그녀의 감각이 어떤 특별한 방법으로 인해 활발해져서 삶의 자그마한 모든 것들을 즐길 수 있게 된 것 같았다. 그래서, 비록 슬픔과 고통을 동반자로 삼고 있는 그녀지만, 말로는 거의 설명할 수 없는 기쁨과 즐거움을 종종 느꼈다. 딱딱 소리를 내며 타오르는 통나무 속의 환한 불꽃을 볼 때나 지붕을 두드리는 빗소리를 들으며 집 안의 안전과 평화를 더욱 강하게 느낄 때, 창문 밖에서 급히 흘러가는 구름이나 하늘을 찢는 번개 속에서 흔들리는 나뭇가지를 볼 때, 또 여명 전의 이른 시간에 구름 사이로 고요하게 빛나는 샛별을 볼 때나 폭풍이 잠시 그친 순간 새들이 부르는 깨끗하고 기쁨에 겨운 노랫소리를 들을 때가 그러했다.

이 모든 것들이 산지의 방언으로 그녀에게 말하는 것 같았고, 그 언어는 믿을 수 없이 아름다웠기 때문에 가끔씩 그녀의 눈에는 순전한 기쁨의 눈물이 고였고 가슴은 견딜 수 없는 환희로 벅차 올랐다.

폭풍이 전보다 더욱 큰 소리로 숲에서 포효하며 울부짖고 있는 어느 날 아침, 겁쟁이는 불가에 앉아 혼자 조용히 노래하고 있는 슬픔을 보았다. 물론 그 가사는 산지의 방언이었는데, 겁쟁이는 그 언어를 배워 가고 있는 중이었다. 물론 원곡이 훨씬 더 아름답고 숲 향기 나는 소리와 음악으로 가득하지만 최선을 다해 가사를 번역하면 다음과 같다.

왕의 딸이여,
네 발이 어찌 그리 아름답고 민첩한가
흐르는 물보다도 더 빨리
움직이고 달리는구나
온 산지에 있는 영양과
노루와 암사슴도
너를 따라잡거나 너처럼 뛰지 못하고
뒤쳐질 뿐이로구나.
(아가 7:1 참조)

겁쟁이는 외쳤다.

"어머, 슬픔아, 네가 노래할 수 있는지 몰랐어. 아니, 노래를 알고 있는지도 몰랐어."

슬픔이 조용히 대답했다.

"물론 그랬었지. 그런데 숲을 지나 여기로 오는 동안 지금 부르고 있는 이 가사와 곡이 머리에 떠올랐어."

겁쟁이가 말했다.

"노래가 참 좋구나. 그 노래를 들으니 내가 사슴의 발을 갖게 되면 어떨지 생각하게 돼. 그 노래는 내 마음을 위로해 줄 뿐 아니라 곡조도 정말 좋고 경쾌해서 펄쩍 뛰고 싶어져."

그녀는 자신의 굽은 발로 펄쩍 뛸 수 있게 되는 것을 상상하면서 웃고 나서 슬픔에게 졸랐다.

"그 노래를 꼭 가르쳐 줘."

그래서 슬픔은 그 노래를 여러 번 불렀고, 드디어 겁쟁이는 그 노래를 완전히 익혀서 혼자 콧노래로 부르며 집 안을 왔다갔다했다. 그러면서 목자처럼 사슴의 발로 산을 뛰어다니고 이 바위에서 저 바위로 펄쩍 뛰게 될 자기 모습을 상상했다. 사슴의 발을 갖게 되면, 목자가 가는 곳은 어디든지 따라갈 수 있을 것이다. 그 상상은 참으로 달콤해서 실현될 때까지 기다리기 어려울 것만 같았다.

12

안개 속에서

마침내 폭풍이 점차 사그라지고, 숲을 휘젓던 소란스러운 소리들도 그쳐서 다시 여정을 시작하게 되었다. 날씨가 완전히 변하고 폭풍도 그쳤지만, 짙은 안개와 구름이 여전히 산지에 있는 모든 것을 덮고 있었다.

다시 길을 가기 시작했을 때, 안개가 너무 짙어서 좁은 길 양쪽에 서 있는 나무들만 보였고, 그마저도 희미하여 현실이 아닌 것처럼 보였다. 안개가 숲의 나머지 부분을 뒤덮어 전혀 보이지 않았고, 차갑고 축축한 흰 안개만 휘장처럼 드리워져 있었다. 전처럼 길이 가파르지는 않았지만, 땅은 심한 진흙탕이었고 매우 미끄러웠다. 시간이 얼마 지나자 겁쟁이는 놀랍게도 자기가 폭풍 칠 때의 우르릉대는 천둥 소리와, 번개를 맞아 나무들이 갈라져 쓰러지는 지긋지긋했던 그 광경을 그리워하고 있다는 것을 알았다.

자신이 비록 겁이 많기는 하지만, 쉽고 지루한 환경보다는 어려운 시험과 역경에 더 흥분된 반응을 보인다는 것을 깨달았다. 두려울 때면 온몸에 오싹하는 전율이 스쳤지만 어쨌든 스릴 있었고, 자기도 놀란 생각이었지만 이 지겨운 안개 속에서 지루하게 걷고 또 걷는 것보다는 차라리 현기증 나는 절벽을 올라가는 것이 더 나았다. 어떻게 보면, 폭풍의 위험이 그녀에게 자극이 된 것이다. 하지만 지금은 날마다 터덜터덜, 무기력하게 계속 걸어갈 뿐, 보이는 것이라고는 산 전체에 꽉 차 있는 흰 안개뿐이고 단 한 줄기 햇빛도 스며들지 않았다.

참다 못한 겁쟁이가 마침내 입을 열었다.

"이 지겹고 지루한 안개가 과연 걷힐까?"

그러자 믿기 어려운 일이 일어났다! 즉시 저쪽 나무 뒤에서 매우 익숙한 목소리가 대답했던 것이다.

그것은 원망이었다.

"아니, 그렇지 않아. 너도 잘 알겠지만 안개가 얼마나 지속될지는 아무도 모르지. 더구나 산으로 더 높이 올라가면 올라갈수록 안개는 더 짙어질 거야. 너의 남은 여정 동안 걸어갈 길이 계속 이렇다는 거지."

겁쟁이는 안 듣는 척했지만 원망의 목소리는 또다시 시작되었다.

"네가 가고 있는 길이 산으로 오르기는커녕 거의 수평이라는 걸 알고나 있는 거냐, 겁쟁이야? 너는 산 위로 올라가는 길을 잃어버렸고, 계속해서 산허리를 맴돌고 있다구."

겁쟁이는 그 사실을 잘 인식하지 못하고 있었지만 이제 맞다는 것을 깨닫지 않을 수 없었다. 그들은 산을 오르는 게 아니라 단지 산허리를 따라 계속 오르락내리락하고 있었으며, 내려가는 때가 더 잦은 듯했다. 정말 그들이 올라가고 있는 것이 아니라 오히려 점점 내려가고 있단 말인가? 오리무중의 안개 속에서는 아무것도 보이지 않았고, 그녀는 방향 감각을 완전히 상실했다. 동반자들의 의견을 묻자 그들의 대답은 매우 간단했는데(왜냐하면 당연히 겁쟁이는 원망의 제안에 귀기울이지 말아야 했기 때문이다), 목자가 지시한 길을 가고 있으므로 그들을 그 길에서 벗어나게 하려는 어떤 이의 설득에도 응하지 않겠다는 것이었다.

"그렇지만,"

말을 꺼내며 겁쟁이는 조바심 내서 계속 우겼다.

"우리가 안개 속에서 길을 잃었을지도 모르잖아? 목자님은 길이 산 위로 이어진다고 말씀하셨는데 보다시피 이 길은 그렇지 않아. 산허리를 따라 돌고 있을 뿐이야. 우리가 안개 때문에 곧바로 위로 올라가는 길을 발견하지 못한 것 같아."

그러나 동반자들은 원망의 의견보다는 그들의 지식이 더 낫기 때문에 원망의 의견에 귀기울일 필요가 없다고 대답할 뿐이었다.

그때 쓴뿌리가 매우 분명한 목소리로 끼여들었다.

"이 길로 가다간 계속 빙글빙글 돌게 될지 모르니까 그냥 계속 가지 말고, 적어도 좀 되돌아가서 살펴보기라도 하는 게 좋을 거야."

슬픔과 고통은 그 말에 전혀 신경 쓰지 않았지만, 불행히도 겁쟁이는 그러지 못하고, 더욱 성급한 태도로 말했다.

"이 제안을 잘 고려해 봐야 된다고 생각해. 조금만 되돌아가서 우리가 올바른 길을 잃었는지 살펴보는 것이 좋을 것 같아. 정말로 계속 제자리에서 맴돌고만 있으면 안되잖아."

그 말에 동반자들은 대답했다.

"글쎄, 만일 우리가 계속 맴돌고만 있다면, 결국 잘못된 길로 접어든 지점으로 되돌아가게 될 것이고, 거기서 눈을 크게 뜨고 잘 살펴보면 지나쳤던 길을 발견하게 될 거야. 그런 길이 원망의 상상에 불과한 게 아니라 정말 있다면 말이지."

"불쌍한 것."

안개 속에서 자기연민의 속삭임이 들려 왔다.

"이런 고집불통들의 손아귀에 잡혀 있다니 너무 안됐어. 진척도 없이 낭비하고 있는 시간에 대해 좀 생각해 보라구. 넌 높은 곳으로 가야 되는데, 날마다 걷고 또 걸어도 아무 성과가 없잖아."

안개가 모든 것을 뒤덮어 희미하고 지루하게 보이게 하는 가운데, 대적들은 계속 그녀에게 얘기하고 속삭였다. 물론 그녀는 거기에 귀기울이지 말아야 했지만, 안개 때문에 도무지 갈피를 잡을 수가 없었고, 길이 너무나 지루했기 때문에 그녀 마음속에 있는 무엇인가가 자기 의지와는 달리 적들의 말에 반응하는 것이었다.

고통이 끈기 있게 앞장서서 길을 인도했고 슬픔도 마찬가지로 뒤에서 그녀를 끈기 있게 지켰기 때문에, 되돌아가는 것은 불가능했지만, 겁쟁이는 여정 중 어느 때보다 더 자주, 더 심하게 다리를 절고 발을 헛디뎌 넘어졌다. 그래서 그녀는 돌보기 힘들고 귀찮은 존재가 되어 버렸다. 매번 넘어질 때마다 그녀는 양심의 가책을 느끼며 위축되어서 동반자들에게 미안하다고 사과했지만, 다시 걷기 시작하면 바로 또 넘어지는 것을 피할 수 없었다. 괴로운 시간이었고, 안개는 걷히기는커녕 더 짙어지고 차가워졌으며, 주변은 더 음습해졌다.

마침내 그러던 어느 날 오후, 계속 미끄러져서 온통 진흙투성이가 되고 땅에 끌린 옷이 젖고 더러워졌을 때, 그녀는 노래를 부르기로 마음먹었다.

전에 말한 적은 없지만, 사실 겁쟁이는 얼굴이 예쁘지 않은 것처럼 목소리도 아름답지 않았다. 그녀가 노래하기를 좋아하는 것은 사실이었고, 목자와 함께 노래할 때면 어느 정도 곡조를 따라가며 그럭저럭 괜찮게 노래할 수 있었지만, 혼자서 부를 때는 언제나 신통치 않았다. 하지만 안개가 너무 짙고 눅눅해 거의 질식할 것 같아서 기분을 북돋우기 위해, 또 나무 사이에서 계속 수군거리는 소리들을 무시해 버리기 위해 뭔가를 해야겠다고 생각했다.

친척들이 음치인 자신의 노랫소리를 듣고 비웃을 것을 생각하면 기분이

나빴지만, 겁쟁이는 그들이 할 야비한 말은 무시하기로 결심했다.

"만일 내가 큰 소리로 노래한다면 그들의 말소리가 들리지 않을 거야."

그녀는 혼자 중얼거렸다. 그 순간 생각나는 노래는 슬픔이 오두막집에서 가르쳐 준 것뿐이었다. 상황과 잘 어울리진 않았지만 그녀는 떨리는 목소리로 소리 높여 노래했다.

왕의 딸이여
네 발이 어찌 그리 아름답고 민첩한가
흐르는 물보다도 더 빨리
움직이고 달리는구나
온 산지에 있는 영양과
노루와 암사슴도
너를 따라잡거나 너처럼 뛰지 못하고
뒤처질 뿐이로구나.
(아가 7:1 참조)

겁쟁이가 노래를 부르자 주위는 완전히 고요해졌다. 대적들이 조롱하는 시끄러운 소리들이 노랫소리에 완전히 묻혀 버린 것이다.

"이건 정말 좋은 생각인걸."

기쁨에 넘친 겁쟁이는 혼잣말을 했다.

"진작 이랬으면 좋았을걸 그랬어. 저들의 말을 듣지 않으려면 귀를 솜으로 막는 것보다 이게 훨씬 더 좋은 방법이야. 그리고 정말 앞쪽에서부터 안개가 조금씩 걷히고 있는 것 같아. 너무 즐거워. 이 노래를 다시 불러야지."

그리고 그녀는 그렇게 했다.

갑자기 쾌활한 목소리가 그녀 곁에서 말했다.

"이거 놀랐는데, 겁쟁이야. 전에는 그 노래를 들어본 적이 없는데, 어디서 배웠지?"

얼굴에 매우 기쁜 듯한 미소를 띠고 다가오는 사람은 바로 목자였다. 정말 그가 일행을 향해 다가오는 것을 보고 겁쟁이는 말로 표현할 수 없을 만큼 기뻤다. 목자는 그 삭막한 산길을 걸어 그들을 향해 다가오고 있었다. 꽤 오랫동안 모든 것이 지겨운 안개 속에 잠겨 있었고 손에 닿는 것은 모두 차갑고 축축했었지만, 지금 목자가 나타나자 안개는 재빨리 사라지기 시작했고 마침내 한 줄기 햇살이 며칠 만에 처음으로 비춰었다.

"아, 목자님."

겁쟁이는 숨을 몰아쉬며 그의 손을 붙잡고는 아무 말도 못했다. 바로 전까지만 해도 다시는 목자를 못 볼 것만 같았었다.

"말해 보렴."

목자는 일행을 향해 미소를 지으며 기분 좋게 말했다.

"그 노래를 어디서 배웠니, 겁쟁이야?"

"슬픔이 가르쳐 주었어요."

그녀는 대답했다.

"목자님, 저는 슬픔은 노래라는 것을 모르는 줄 알았어요. 하지만 그녀는 숲을 지나 산을 오르는 동안 그 가사와 곡조가 떠올랐대요. 제가 그 노래를 가르쳐 달라고 부탁한걸요. 왜냐하면 제가 비록 음치이긴 하지만, 그 노래를 부르면 목자님께서 제 발을 사슴의 발같이 하셔서 제가 다시는 발을 헛디뎌 넘어지지 않을 때를 생각하게 되거든요."

그러면서 겁쟁이는 땅바닥에 넘어지고 옷이 끌려 진흙투성이가 된 자신의 모습을 부끄러운 듯 바라보았다.

"네가 그 노래를 부르니 기쁘구나."

목자는 어느 때보다도 더 유쾌하게 말했다.

"나는 정말 그 노래가 유난히 좋단다."

그는 미소지으며 말을 이었다.

"내가 다른 가사를 붙여 볼게."

그리고 즉시 그는 그 곡조에 이런 가사를 붙여 노래하기 시작했다.

네 관절과 넓적다리는
공교한 장색의 손으로 알맞게 만들어진
아름다운 보석이
유연한 테 위에 박힌 것 같구나
온 궁정에서 두루 찾아보지만
그 어디에도
너와 같이 여왕다운 기품과 우아함으로

걷는 사람은 없도다.

(아가 7:1 참조)

"아, 목자님," 겁쟁이가 외쳤다.

"그 가사는 어디서 나셨어요? 슬픔이 가르쳐 준 곡조에 참으로 잘 어울리는데요."

목자는 다시 한 번 그녀에게 매우 친절한 미소를 지으며 대답했다.

"너를 따라 이 길을 걷는 동안 이 가사가 내게 떠올랐단다."

가엾은 겁쟁이는 그 동안 자신이 다른 어느 때보다도 심하게 발을 헛디뎌 미끄러지고 넘어졌었다는 것을 알기에, 목자가 내내 자신의 뒤에 있었다는 말을 듣자 괴로워서 얼굴 전체가 붉어졌다. 그녀는 아무 말도 못하고 다만 부끄러워하며 목자를 바라보기만 했다.

"겁쟁이야."

그는 그녀의 응시에 매우 부드러운 목소리로 응답했다.

"아직도 모르겠니? 나는 너를 지금의 모습으로 생각하지 않고, 너를 사랑의 왕국으로 데려가서 여정에서 얻은 모든 얼룩과 더러움이 씻겼을 때의 모습으로 생각한단다. 너를 뒤에서 쭉 따라가면서 네가 매우 힘든 길을 가고 미끄러지고 넘어지며 고통당하는 것을 볼 때 생각한 것은, 네가 나와 함께 높은 곳에서 뛰고 달리는 모습뿐이란다. 슬픔이 네게 가르쳐 준 노래처럼 내 노래도 배워 부르지 않겠니?"

겁쟁이는 기꺼이 "예"라고 대답하고는, 다시 그의 손을 잡으며 말했다.

"꼭 그 노래를 배워서 저의 고통을 씻어 주는 공교한 장인의 손에 대해 노래하겠어요."

이제 안개는 완전히 사라졌고 밝게 빛나는 햇빛을 받아 물방울을 떨어뜨리는 나무와 풀들이 즐겁게 빛나며 반짝였다. 잠깐 앉아서 쉬며 햇빛을 즐기자는 목자의 제안을 겁쟁이 일행은 기꺼이 받아들였다. 목자가 있을 때면 늘 그렇듯이, 슬픔과 고통은 약간 떨어져 앉아서 목자가 겁쟁이와 단둘이 이야기를 나눌 수 있게 해주었다. 그녀는 안개 속에서 오랫동안 방황하던 비참한 이야기와 원망, 쓴뿌리, 자기연민이 자신을 괴롭혔던 이야기, 그리고 자신들이 길을 잃은 것이 아닌지 염려했던 것 등을 다 말했다.

"너는 정말로, 네가 높은 곳으로 가는 바른 길을 벗어나도 내가 아무 경고도 하지 않고, 막지도 않을 것이라고 생각했니?"

목자는 조용히 물었다.

겁쟁이는 후회하듯 그를 바라보았고 한숨을 쉬며 말했다.

"원망이나 다른 자들이 제게 소리치면, 아무리 터무니없는 말도 너무 쉽게 믿어 버려요."

목자는 미소지으며 말했다.

"그때는 노래를 하는 게 좋아. 그러면 그들이 뭐라고 하는지 안 들릴 거야. 가르쳐 줄 수 있는 노래가 더 있는지 슬픔과 고통에게 물어 보거라. 그들이 좋은 안내자라고 생각하니, 겁쟁이야?"

겁쟁이는 목자를 진지하게 바라보며 고개를 끄덕였다.

"예, 정말 좋아요. 목자님, 전에는 이런 일이 가능하리라곤 생각도 못했었지만, 어느 정도 그들을 사랑하게 된걸요. 그들을 처음 봤을 때는 너무 강하고 엄해 보여서 분명히 저를 거칠게 다루고 제 기분에 상관하지 않고 끌고 갈 것이라 생각했어요. 그게 얼마나 두려웠는지 몰라요. 하지만 그들은 정말 제게 너무 너무 부드럽게 대해 주었어요. 제가 생각하기에, 그들은 친절하신 목자님의 모습을 보면서 친절과 인내를 배운 것 같아요. 그들이 없었다면 저는 여기까지 오지 못했을 거예요."

그녀는 고마워하며 계속 말했다.

"그리고 묘하게도 그들은 이렇게 추하고 보잘것없는 절름발이인 저를 돕는 걸 좋아하는 것 같아요. 그들은 진정으로 저를 높은 곳에 데려가고 싶어 해요. 단지 목자님께서 명령하셨기 때문이 아니라, 저같이 보기 싫은 겁쟁이가 그 곳에 도달해 변화되는 것을 자신들도 원하기 때문이에요. 목자님, 이제 더 이상 그들을 무섭게 보지 않고 저를 도우려는 친구로 바라보게 되니까 그들에 대한 제 감정에 큰 변화가 생겼어요. 말도 안 되는 생각일지 모르지만, 이따금 전 그들이 정말로 저를 사랑하고 기꺼이 저와 동행하고 싶어한다고 느껴요."

말을 마치고서 목자의 얼굴을 바라본 겁쟁이는, 그가 터져 나오려는 웃음을 참고 있는 것처럼 보여서 놀랐다. 그는 잠시 아무 말이 없다가 몸을 약간 돌려 두 안내자를 바라보았다. 겁쟁이도 그들을 바라보았다.

그들은 뒤쪽에 따로 떨어져서 앉아 있었고 목자와 겁쟁이가 자신들을 바라보는 줄 모르고 있었다. 그들은 서로 가까이 앉아서 높은 곳 쪽의 산을 바라보고 있었다. 베일을 뒤로 젖히고 있었지만, 목자와 겁쟁이 쪽으로 등을 돌리고 있었기 때문에 여전히 얼굴이 보이지 않았다. 겁쟁이는 그들이 처음에 산기슭에서 기다리고 있었던 때보다 더 키가 크고 강하게 보인다는 사실을 깨닫고 깜짝 놀랐다.

그 순간 그들에게는 표현하기 어려울 정도로 대단한 무엇이 있었는데, 태도에 뜨거운 열정 같은 것이 나타나고 있었다. 그들은 빠르게 말을 주고받고 있었지만, 목소리가 너무 낮아서 무슨 말인지 알아들을 수 없었다. 그런데 믿어지지 않는 일이 일어났다! 그들이 정말로 웃고 있었던 것이다! 겁쟁이는 그들이 열정과 기대로 흥분하면서 무엇인가에 대해 이야기하고 있는 것을 분명히 느낄 수 있었다.

목자는 잠시 동안 아무 말 없이 그들을 바라보다가 겁쟁이에게로 고개를 돌렸다. 목자의 눈은 웃음을 띠고 있으면서도 그 목소리는 매우 근엄했다.

"그래, 나도 정말 네 말이 옳다고 생각한다, 겁쟁이야. 내가 보기에 그들은 임무를 매우 즐겁게 수행하고 있고 심지어 자기들이 섬기는 자에게 약간의 애정까지 느끼는 것 같구나."

그리고 나서 목자는 매우 큰 소리로 웃음을 터뜨렸다.

슬픔과 고통은 다시 얼굴에 베일을 늘어뜨리고 무슨 일인지 보기 위해 몸을 돌렸는데, 그들이 여행을 재개하기 전에 목자는 더 할 말이 있었다.

그는 얼굴에서 웃음을 거두고 매우 심각하게 질문했다.

"나를 온전히 신뢰할 만큼 나를 사랑하느냐, 겁쟁이야?"

겁쟁이는 평소 깜짝 놀랐을 때 하는 식으로 그를 쳐다보았다. 그녀는 목자가 새로운 시험을 준비하고 있음을 느낄 때마다 그렇게 하였는데, 매우 자연스러운 것이었다. 그녀는 더듬거리며 말했다.

"제 차갑고 작은 마음을 다해서 목자님을 사랑하는 걸 아시잖아요, 목자님. 저는 목자님을 사랑하고, 사랑하는 만큼 신뢰하기를 원할 뿐 아니라, 목자님을 더욱 사랑하고 신뢰하게 되기를 간절히 원한다는 것을 아시잖아요."

"온 세상에 있는 모든 것이 내가 너를 속였다고 말한다 해도, 지금까지 정말 내가 너를 속였을 뿐이라 해도 나를 신뢰하겠느냐?"

겁쟁이는 당황해서 목자를 바라보았다.

"물론, 그럴 거예요. 제가 진실이라고 확신하는 단 한 가지는 목자님께서 거짓말을 하실 수 없다는 사실이에요. 이따금 시키시는 일 때문에 저도 많이 놀라긴 하지만요."

그녀는 부끄러워하는 얼굴로 사죄하듯이 덧붙였다.

"하지만 결코 그런 식으로 목자님을 의심할 수는 없었어요. 제가 두려워하는 것은 제 자신이지 목자님이 아니에요. 세상의 모든 사람들이 목자님께서 저를 속이셨다고 말해도 저는 그것이 불가능하다는 것을 알아요."

그녀는 간청했다.

"아, 목자님, 제가 너무 무서워하거나 겁을 먹어 비참하게 연약해질 때라도 제가 목자님을 의심하는 것 같다고는 말씀하지 마세요. 제가 목자님을 신뢰한다는 것을 목자님께서 아십니다. 결국, 저는 목자님의 온유하심이 저를 창대하게 하셨다고 말하게 될 거예요."

목자는 자기 발치에 쪼그리고 앉아 있는 겁쟁이를 연민의 눈초리로, 매우 부드러운 표정으로 아무 말 없이 바라보았다. 잠시 후, 그는 아주 조용히 말했다.

"겁쟁이야, 정말 내가 너를 속인다면 어떻게 하겠니?"

이번에는 그녀가 침묵할 차례였다. 목자가 한 이 불가능한 말의 의미가 무엇인지, 어떻게 대답하면 좋을지 생각하느라 애쓰면서. 정말 그렇다면 어떻게 되는 걸까? 다시는 목자를 신뢰하지도 사랑하지도 못하게 되는 걸까? 목자 없는 세상에서 신기루처럼 사라지고 깨져 버린 즐거운 꿈을 추억하며 살게 될까? 결코 자신을 속이지 않는다고 생각한 대상으로부터 속임을 당했다는 것을 인정하게 될까? 목자를 잃게 된단 걸까?

겁쟁이는 갑자기 격정적으로 울음을 터뜨렸다. 그리고 잠시 후, 목자의 얼굴을 똑바로 쳐다보면서 말했다.

"나의 주님, 만일 주님이 저를 속이실 수 있다면, 그러세요. 그런다고 달라지는 것은 없을 것입니다. 제가 존재하는 한 저는 목자님을 사랑할 것입니다. 목자님을 사랑하지 않고서는 살 수 없어요."

목자는 그녀의 머리에 손을 얹고 지금까지 그녀가 느껴 보지 못한 부드러움과 다정함으로 쓰다듬으며 마치 혼잣말처럼 되뇌었다.

"할 수 있다면, 애를 속일 수도 있지."

그리고 다른 아무 말도 없이 돌아서서 가 버렸다.

겁쟁이는 목자가 서 있던 땅 위에서 얼음처럼 차가운 작은 조약돌을 집어 들어 주머니에 넣은 뒤, 떨리는 몸으로 슬픔과 고통에게 다가가 다시 여정을 계속했다.

13

상실의 골짜기에서

산에는 안개가 걷히고 태양도 빛나서, 전에 오랫동안 겪었던 것보다 훨씬 더 쾌적하고 걷기 쉬웠다. 길은 여전히 위로 향하지 않고 산허리를 돌고 있었는데, 어느 날 길모퉁이를 돌자 깊은 골짜기가 내려다보였다. 놀랍게도, 길은 여정을 시작할 때 애굽으로 내려가던 길과 똑같이, 산밑 쪽을 향해 급경사를 이루며 내리닫고 있었다.

일행은 멈춰 서서 먼저 서로를 쳐다보았고, 다음에는 골짜기 아래와 맞은편을 바라보았다. 골짜기에서 다시 올라가는 길은 상처의 절벽만큼 가파르면서도 더 높았고, 자세히 살펴보니 골짜기로 내려갔다가 다시 올라가려면 막대한 힘과 노력뿐 아니라 매우 긴 시간이 걸릴 것 같았다.

서서 그 광경을 응시하던 겁쟁이는 그 순간, 지금까지 여정에서 만난 어떤 것보다도 강하고 매서운 시련을 느꼈다. 다시 한 번 돌아가야 한단 말인가? 이번 시련은 전보다 훨씬 더 심할 것 같았다. 지금 그들은 그 어느 때보다 높이 올라와 있었다. 길이 산으로 올라가기만 한다면 분명히 곧 만년설이 쌓여 있는 지역까지 도달할 것이고, 대적들이 접근할 수 없고 치유의 강물이 흐르는 높은 곳에 이르게 될 것이다.

그런데 지금 정반대로, 길은 수치의 골짜기만큼이나 낮은 골짜기로 내려가고 있었다. 길고 힘든 여정을 거쳐 도달한 것을 이제 잃게 되었고, 완전히 다시 시작해야 했다. 마치 그렇게 오래 전에 여행을 시작하지도 않았고, 그렇게 많은 난관과 시련을 견딘 적도 없는 것처럼, 그들은 다시 시작해야 했다.

겁쟁이는 깊은 골짜기를 내려다보며 망연자실했다. 길을 떠난 이후 처음으로, 결국 친척들이 옳았던 것이 아닌지, 목자를 따르지 말았어야 하는 것이 아닌지 자문하게 되었다. 그렇게 많은 것을 요구하고, 그렇게 불가능한 것을 요구하고, 모든 것을 빼앗아 가 버리는 분을 어떻게 따를 수 있겠는가? 만일 이제 골짜기로 내려간다면, 높은 곳에 이르러야 하는 자신은 지금까지 여정에서 얻은 모든 것을 잃게 되는 것이다. 그렇게 되면 수치의 골짜기를 떠날 때와 다름없이 약속이 하나도 이루어진 게 없다.

눈앞이 깜깜해지고 끔찍한 한 순간, 겁쟁이는 더 이상 목자를 따르지 않고 되돌아갈 생각을 했다. 여행을 계속해야 할 이유가 없었다. 누가 강요하는 것도 아니었다. 두 동반자를 안내자로 삼아 이 이상한 길을 따라온 것은 단지 목자가 그 길을 선택해 주었기 때문이었다. 자발적으로 가고 싶은 길이 아니었다. 이제 그녀는 스스로 선택할 수 있었다. 그녀의 슬픔과 고통이 즉시 끝날 수도 있고, 목자와 상관없이, 제일 좋아하는 방식으로 자신의 삶을 계획할 수도 있었다.

그 끔찍한 순간, 겁쟁이는 무서운 심연을 들여다보는 것 같았다. 신뢰하고 따르고 사랑할 목자는 없고 오직 자신만 존재하는, 소름끼치는 심연. 나중에도 그 사건을 생각하면, 그녀는 지옥을 똑바로 내려다봤던 것 같았다. 결국 그 순간 겁쟁이는 날카롭게 비명을 질렀다. 달리 표현할 수가 없었던 것이다.

"목자님."

그녀는 비명을 질렀다.

"목자님! 목자님! 도와 주세요! 어디 계셔요? 저를 내버려두지 마세요!"

바로 그때 나타난 목자에게 매달린 겁쟁이는 온몸을 떨며 계속 흐느껴 울었다.

"무슨 행동을 하셔도 좋아요, 목자님. 어떤 것을 요구하셔도 좋아요. 다만 제가 되돌아가게 내버려두지 마세요. 오 나의 주님, 제가 목자님을 떠나게 놔두지 마세요. 간청합니다. 제가 목자님을 떠나거나 목자님을 따르는 일에서 돌이키지 않게 해주세요."

그녀는 계속 목자에게 매달려서 울부짖으며 말했다.

"나의 주님, 만일 목자님께서 하신 약속과 사슴의 발과 새 이름과 그 밖에 다른 것들로 저를 속이려 하신다면 그렇게 하세요. 그러나 부디 제가 목자님을 떠나도록 내버려두지는 마세요. 그 어떤 것이 저를 돌이키게 내버려두지 마세요. 이 길은 완전히 틀린 길같이 보여서 올바른 길이라고 믿기가 어려웠어요."

그녀는 비통하게 흐느꼈다.

목자는 겁쟁이를 그 팔로 부축해서 일으키고, 친히 그 손으로 그녀의 뺨에 흐르는 눈물을 닦아 준 다음 강하고 기운차게 말했다.

"겁쟁이야, 넌 결코 되돌아가지 않을 거야. 그 어떤 것도, 너의 위축된 마음조차도 너를 내 손에서 빼앗을 수 없단다. 내가 전에 한 말을 기억하니? '이 지연은 죽음에 이르는 것이 아니요 하나님의 영광을 위한 것이야' 라는 말. 지금까지 배워 온 교훈을 벌써 잊어버리지는 않았겠지? '지금은 모르는 것을 나중에는 알게 되리라' 는 것은 확실한 진리란다. 내 양은 내 음성을 듣고 나를 따르지. 비록 이 길이 틀린 것 같아도 이 길로 가면 너는 더할 나위 없이 안전하단다. 이제 네게 새로운 약속을 해주마. 네가 오른쪽으로 치우치든지 왼쪽으로 치우치든지 하면 네 뒤에서 '이 길이 옳으니 너는 이리로 행하라' 는 말소리를 듣게 될 거야."

목자는 잠시 말을 멈췄고, 겁쟁이는 목자와 함께 있다는 감사함과 안도감으로 아무 말도 하지 않은 채 그에게 기대어 있었다.

"겁쟁이야, 이것도 견딜 수 있겠니? 높은 곳으로 향하는 여정에서 지금까지 성취한 모든 것을 잃어버리고 박탈당하는 고통을 감수하겠니? 단지 내가 너를 위해 선택한 길이라는 이유로 상실의 골짜기로 내려가고 용서의 길을 가겠니? 그래도 여전히 나를 신뢰하고 사랑하겠니?"

그녀는 여전히 목자에게 매달려서, 오래 전에 다른 여인이 했던 말을 마음을 다해 되풀이했다.

"저에게 목자님을 떠나며 목자님을 따르지 말고 돌아가라 강권하지 마세요. 목자님께서 가시는 곳에 저도 가고 목자님의 백성이 저의 백성이 되고 목자님의 하나님이 저의 하나님이 되실 것입니다."

겁쟁이는 하던 말을 멈추고 잠시 머뭇거리다가 속삭이듯 말을 이었다.

"목자님께서 죽으시는 곳에서 저도 죽어 거기 장사될 것입니다. 만일 제가 죽는 일 외에 목자님과 떠나면 주님께서 내게 벌을 내리시고 더 내리시기를 원합니다"(룻 1:16-17).

이렇게 해서 상실의 골짜기로 내려가기 직전에 그녀는 또 단을 쌓았고 또 다른 돌 하나를 품고 다니는 주머니에 넣었다. 그리고 나서 그들은 아래로 내려가는 여행을 시작했고, 겁쟁이는 두 안내자들이 부드럽게 부르는 노랫소리를 들으며 내려갔다.

여자 중 극히 어여쁜 자야
너의 사랑하는 자가 어디로 갔는가

너의 사랑하는 자가 어디로 돌이켰는가
우리가 너와 함께 찾으리라.

목자가 친히 그 다음 구절을 불렀다.

그가 자기 동산으로 내려가
향기로운 꽃밭에 이르러
백합화 가운데서 양 떼를 먹이는구나
거기는 우리가 늘 만나던 곳이로구나.

그리고 나서 겁쟁이가 마지막 두 절을 불렀다. 이때 그녀의 가슴은 큰 기
쁨으로 가득 차서 귀에 거슬리던 목소리마저도 변화하여 다른 사람들처럼
감미로웠다.

그래서 나는 동산으로 내려갔네
그 동산은 새싹과 과실이 풍성한 골짜기라네
거기서 석류가 싹이 났는지 보고
포도 움이 돋았는지 보려네

내 영혼은 환희로 벅찼고
지금까지 내가 알던 그 어느 때보다
더 빨리 마차를 끄는 말처럼 달렸다네

보라 그가 거기서 기다리고 있었기 때문이라네.

(아가 6:1-3 참조)

길이 무척 가파른 것에 비해서는 놀랄 정도로 쉽게 골짜기로 내려갔는데, 아마도 목자가 만족하고 기뻐하기를 겁쟁이가 전심으로 원했기 때문일 것이다. 목자가 없는 무서운 심연을 잠깐 들여다본 겁쟁이는 이전에는 전혀 느껴 보지 못한 두려움에 질겁했었다. 하지만 그 경험을 통해 그녀는, 자신이 가슴속 깊이 진정으로 갈망하는 것은 목자의 여러 가지 약속이 아니라, 바로 그 자신이라는 사실에 눈을 뜨게 되었다. 그녀가 원하는 것은 영원히 목자를 따를 수 있는 것뿐이었다.

그녀의 본능 외면에서는 다른 욕망들이 강하고 격렬하게 아우성쳤지만, 목자 외에 그 어떤 것도 자기 존재의 핵심을 채우거나 만족시키지 못하도록, 자기가 그렇게 만들어져 있다는 것을 이제 알게 되었다.

"다른 건 하나도 중요하지 않아."

그녀는 혼자 중얼거렸다.

"오직 그분을 사랑하고 그분께서 내게 말씀하시는 대로 행할 뿐이야. 왜 그런지 잘은 모르겠지만, 그런 거야. 사랑하는 데는 늘 고통과 슬픔이 따르지만, 그래도 그분을 사랑하는 것은 기쁜 일이야. 만일 내가 더 이상 그분을 사랑하지 않게 된다면, 나란 존재도 끝이 날 거야."

이리하여 그들은 이미 말한 것처럼, 골짜기에 매우 빨리 도달했다.

처음에는 골짜기가 작은 감옥처럼 보였지만, 강하고 상쾌한 산바람이 불고 난 후 보니, 녹음이 짙푸르렀고 꽃들이 들판과 강둑을 뒤덮고 있었으며 골짜기 가운데로 강이 조용히 흐르는, 심히 아름답고 평화로운 곳이라는 사실에 놀랄 정도였다.

이상하게도, 상실의 골짜기에서 겁쟁이는 여행 중 다른 어떤 곳에서보다 더 안식하고 더 평화롭고 더 만족했다. 두 동반자 역시 신비로운 변화를 겪은 것 같았다. 여전히 그녀의 손을 잡고 있었지만 고통도 슬픔도 느껴지지 않았다. 마치 그들이 그저 친구이고 같이 있는 것이 즐거워서 나란히 손잡고 걸어가는 것 같았다.

또 두 동반자는 계속해서 노래를 불렀고, 그 중에는 가끔 겁쟁이가 그들에게 배운 언어와 아주 다른 것도 있었는데, 그녀가 그 가사의 의미를 묻자 단지 미소지으며 고개를 저을 뿐이었다. 이 노래는 상실의 골짜기에서 세 명이 함께 부른 많은 노래들 중 하나로, 겁쟁이가 매우 좋아하는 옛 노래 책에 있는 곡이다.

나는 나의 사랑하는 자에게 속하였고 그는 내게 속하였구나
그가 사모하는 것은 이것이니
그분의 아름다움으로
내가 빛나는 옷을 입고 빛나는 것이라
나의 모든 부분이 가지치기되어 잘리고 불로 정결케 될 때
그것이 이루어지리라

나의 사랑하는 자여 우리가 함께
우리를 기다리고 있는 들로 갑시다
거기는 가장 귀한 과실 나무가 자라나니
당신의 가지치기 칼이 이제 휘둘려져
당신 뜻대로 그리고 당신 솜씨로
가장 풍성한 결실이 있게 하소서

달콤한 향내가 진동하고
포도나무에는 부드러운 움이 돋았네
내 모든 나무들에 꽃이 만발하여
뿌리의 힘으로 흠 없는 싹이 돋네
거기서 내 사랑을 거절하랴
향기로운 과실을 당신께 맺어 주리라.
(아가 7:10-13 참조)

겁쟁이는 골짜기 맞은편의 산을 바라보면서 과연 거기를 또다시 올라갈
수 있을지 의문스러웠지만, 목자가 선택한 일이라면 골짜기에서 안식하며
이리저리 돌아다니는 것에도 만족했다. 특히 그녀에게 위로가 된 한 가지
사실은, 산길에서는 너무 힘들고 미끄러워서 매우 고통스럽게 넘어지고 다
리를 절어야 했는데, 여기 조용한 푸른 들판에서는 넘어지는 일이 없었고
아물지 않은 상처로 고통을 느끼거나 다리가 뻣뻣해지는 일도 없었다는 것
이다.

이런 일들은 좀 이상하게 보였는데, 왜냐하면 그녀는 정말 상실의 골짜기에 있었기 때문이다. 게다가, 분명히 전보다도 높은 곳에서 멀어져 있었다. 그녀는 어느 날 이에 대해 목자에게 물었다. 목자는 이 가장 사랑스러운 곳을 자주 그들과 함께 거닐곤 했는데, 그때 그는 미소를 지으며 그 곳이 자기가 좋아하는 곳 중 하나라고 말했었다.

목자는 겁쟁이의 질문에 이렇게 대답했다.

"너도 이제 이 골짜기의 아름다움을 알아 가고 있다니 기쁘구나. 하지만 겁쟁이야, 네가 저 위에서 제단을 쌓았기 때문에 이 골짜기에서 편안한 시간을 갖게 된 것 같구나."

그녀는 이 대답에도 더욱 혼란스러울 뿐이었다.

"그렇지만 이전까지는 말씀대로 제단을 쌓은 후에 길이 더 험해지고 힘들었었는걸요."

그는 다시 미소지었고, 제단이 중요한 이유는 그것이 명백한 불가능을 가능하게 만들기 때문이며, 이번에도 제단을 쌓음으로써 그녀가 힘들게 고생하지 않고 평안을 누리게 되어서 잘됐다고 조용히 말했다. 그녀는 목자가 말을 하면서 자기를 예리하고 다소 미묘하게 보는 것을 알아차렸는데, 그 얼굴에는 아름다운 온유함이 보였지만, 그녀가 전에 보았는데도 아직까지 잘 이해하지 못하고 있는 무엇인가가 있었다. 그녀는 두 가지가 뒤섞인 것이라고 생각했다. 정확히 말하면 동정은 아니었다. 아니, 동정은 틀린 단어였다. 크나큰 긍휼과 확고한 결심이 조화된 모습이었다.

그것을 깨닫자, 겁쟁이는 높은 곳으로 가라는 목자의 부르심을 받기 전 수치의 골짜기에 있을 때, 목자의 종들 중 하나가 했던 말이 떠올랐다. 그는 이렇게 말했었다.

"사랑은 아름답지만, 또한 무섭기도 하지. 사랑하는 대상에게 어떤 흠이나 무가치한 점이 있는 것을 결코 허용하지 않으니까."

그 말을 기억하면서 겁쟁이는 약간 떨리는 마음으로 생각했다.

'내가 당신이 원하시는 모습이 되게 하시기 전에는 결코 만족하지 않으실 거야.'

그녀는 여전히 겁쟁이였고, 아직 이름을 바꿀 준비가 되지 않은 상태였기 때문에 두려움으로 고통스러워하며 중얼거렸다.

"다음에는 무슨 일을 하시려는지 모르겠어. 몹시 고통스럽지는 않을까?"

14

기름 부음의 자리

알고 보니, 목자가 계획한 그 다음 일은 매우 근사한 것이었다. 대화를 마치고 얼마 되지 않아 골짜기를 굽이굽이 돌던 길은 맞은편 산기슭으로 이어졌다. 마치 성벽처럼 솟아 있는 그 산은 상처의 절벽보다 높고 가팔랐다.

하지만 겁쟁이와 그녀의 두 동반자가 그 곳에 도착해 보니, 목자가 작은 오두막집 옆에서 그들을 기다리고 있었고, 놀랍게도 가장 가파르고 높은 절벽 아래서부터 꼭대기까지 공중에 케이블이 이어져 있었다! 그 케이블에는 앉을 수 있는 의자가 매달려 있어서 두 사람이 나란히 앉아서 힘도 들이

지 않고 꼭대기로 올라갈 수 있었다. 사실, 겁쟁이는 약하게 보이는 공중 의자가 하늘에 그렇게 높이 매달려 있는 것을 보자 처음에는 어지럽고 무서워서 어쩔 줄 몰랐다. 자진해서 저 의자를 타고 저 무시무시해 보이는 절벽을 오르는 일은 절대 못하겠다고 생각했다. 의자에 달려 있는 것이라고는 자그마한 발판뿐이었고, 만약에 몸을 던지려는 충동이라도 일어났을 때 그것을 막아 줄 아무런 장치도 없었다.

그러나 목자가 미소지으며 말하자 그런 기분은 순식간에 사라져 버렸다.

"이리 오렴 겁쟁이야, 우리가 첫 번째 의자에 앉고 슬픔과 고통이 그 다음 의자로 우리를 따라올 거야. 너는 그저 의자에 몸을 맡기고 내가 널 데려가려는 곳으로 완전히 안전하게 가기만 하면 된단다."

겁쟁이가 의자에 앉았고 목자가 그 곁에, 두 동반자들은 다음 의자에 앉았다. 전에는 도달하는 것이 불가능하게 보였지만 이제는 그렇지 않은, 높은 곳을 향해서 그들은 즉시 순조롭게 움직여 가기 시작했다. 위에서 지탱해 주고 있기 때문에 편안히 쉬면서 눈앞에 펼쳐진 아름다운 경치를 즐기기만 하면 되었다. 어떤 지점에서는 의자가 흔들리기도 했으나 그들은 전혀 현기증을 느끼지 않았고, 계속해서 위로, 더욱 위로 올라가 마침내 밑의 골짜기는 작은 초록색 융단으로 보였고, 그들의 주변과 위에는 사랑의 왕국의 은빛 산봉우리들이 솟아 있었다. 곧 그들은 맞은편 산에서 올라갔던 지점보다 훨씬 더 높이 올라갔지만, 계속해서 오르고 있었다.

마침내 공중 의자에서 내린 겁쟁이는 이제까지 본 중에 가장 아름다운 광경을 보게 되었는데, 그 곳은 진짜 사랑의 왕국이 있는 높은 곳은 아니었지만, 그 변두리 지역이었다. 주변은 온통 풀이 무성하고 꽃들로 덮여 있는 고산 초원 지대였다. 눈동이나물이 꽃을 피우고 있는 둑 사이에서 작은 개울들이 돌돌 흐르며 찰박거렸고, 미나리아재비, 취란화, 제비꽃, 분홍빛 앵초들이 융단처럼 바닥을 덮고 있었다. 연자줏빛 솔다넬라가 화사한 색으로 무리 지어 피어 있었고, 들판 전체 여기저기에는 용담 무리가 한낮의 하늘보다 더 파랗게, 마치 왕의 옷에 달린 보석처럼 빛나고 있었다.

위로는 순결한 흰 눈에 덮인 산봉우리들이 사파이어나 터키 옥처럼 구름 한 점 없는 하늘을 배경으로 솟아 있었다. 태양은 어찌나 눈부시게 빛나는지 꽃들이 그 찬란한 햇살을 받으려고 땅에서 솟아나 꽃잎을 펼치는 것처럼 보였다. 사방에서 소 떼와 염소 떼의 목에 달린 방울 소리가 울리고 수많은 새들의 노랫소리가 공기 중에 가득했지만, 그 모든 것들보다 더 크고 압도적인 소리가 그 곳 전체를 가득 메웠다.

그들 위로 솟아 있는 큰 절벽 중 하나에서 쏟아져 내리고 있는 엄청난 폭포 소리였다. 그 흐르는 물살은 높은 곳에 있는 눈이 녹아 이루어진 것이었다. 말로 표현할 수 없이 아름다운 광경에 겁쟁이와 그녀의 동반자들은 한 마디도 하지 못한 채, 우두커니 서서 깊은숨을 몰아쉬며 향긋하고 솔 향기 나는 산 공기를 가슴 깊이 들이마시고 있었다.

이리저리 거닐며 앞으로 나아가면서 한 걸음씩 내디딜 때마다, 그들은 허리를 굽혀 보석 같은 꽃들을 부드럽게 만지거나 졸졸 흐르는 시냇물을 손가락으로 퉁겨 보았다. 이따금씩은 빛을 발하는 것 같은 주변의 아름다운 자연 속에 그저 우두커니 서서는 너무나 즐거워 큰 소리로 웃기도 했다. 목자는 겁쟁이 일행을 데리고 따뜻하고 향긋한 풀들이 허리까지 오는 초원을 지나 거대한 폭포가 있는 곳으로 향했다.

그들은 서늘한 그늘이 드리워져 있고 가끔씩 햇살이 얼굴에 부딪히며 부서지는 절벽 밑 부분에 서 있었는데, 목자가 거기 서서 위를 바라보라고 말했다. 거대한 절벽 아래에 서니 더욱 작아 보이는 겁쟁이는, 결코 그치지 않는 거대한 물줄기가 높은 곳에서부터 자신을 던져 아래로 떨어지는 것을 바라보았다. 이렇게 장엄하고 소름끼치도록 아름다운 광경은 처음 보는 것 같았다. 높은 절벽 끝에서 자신을 던져 밑에 있는 바위로 돌진하여 산산조각이 나는 물줄기를 보자 그녀는 매우 두려웠다. 폭포 밑에서 듣는 천둥 같은 물소리는 거의 귀가 멀게 할 지경이었지만, 그 소리에는 표현할 수 없을 만큼 위대하고 장엄하며 아름다운 어떤 의미가 담겨 있는 것 같았다.

그 소리를 듣던 겁쟁이는, 웅장하고 완전한 오케스트라 같은 그 화음이 저 아래 수치의 골짜기에서 작은 개울들이 불렀던 노래의 원곡이라는 것을 깨달았다. 이제 그 주제곡은 수천 수만의 목소리로 불려지면서 아래 골짜기에서 들었던 어떤 노래보다 더 장엄한 화음을 이루었지만, 똑같은 노래였다.

우리는 높은 곳에서 뛰어 흘러 내려가
저 아래 골짜기로 내려간다
항상 우리를 부르는 소리에 응답하며
그 어디보다 가장 낮은 곳으로 내려간다.

"겁쟁이야."

목자의 음성이 그녀의 귓전에 들렸다.

"이 큰 물줄기가 자신을 포기하고 떨어지는 것에 대해 어떻게 생각하니?"

그녀는 약간 떨며 대답했다.

"이제껏 본 어떤 것보다 아름다우면서도 무서워요."

"왜 무섭지?"

목자가 물었다.

"뛰어내려야만 하는 것이 무서워요. 그렇게 무시무시하게 높은 곳에서 아래의 깊은 곳으로 자기 몸을 던져서 바위에 부딪혀 부서져야 하니까요. 저는 그것을 도저히 지켜볼 수가 없어요."

"더 자세히 보아라."

목자가 다시 말했다.

"한 물줄기가 벼랑 끝에서 뛰어내리는 순간부터 바닥에 닿을 때까지 계속 지켜보아라."

겁쟁이는 그렇게 했다. 그리고는 경탄하느라 숨을 몰아쉬었다. 물은 절벽 끝에서 떨어지는 순간부터 마치 날개가 달린 듯했고, 기쁨에 넘쳐 생동하며 자신을 내어 주는 환희에 완전히 사로잡혀 있어서, 마치 무지개를 타고 내려오며 터질 것 같은 기쁨으로 노래하는 한 무리의 천사들을 보는 것 같았다.

그녀는 그 모습을 뚫어지게 바라보고 또 보다가 말했다.

"저 물줄기들은 마치 뛰어내리는 것이야말로 세상에서 가장 즐거운 일이라고 생각하는 것처럼 보여요. 마치 자신을 내던지는 것이야말로 이루 다 표현할 수 없는 황홀경과 기쁨 속에 뛰어드는 거라고 여기는 것 같아요."

"그래."

목자는 기쁨과 감사에 가득 찬 목소리로 말했다.

"네가 그것을 깨닫게 되어 기쁘구나. 겁쟁이야. 이것은 저 위 왕국에 있는 높은 곳에서 흘러 나오는 사랑의 폭포란다. 나중에 이 폭포 줄기를 다시 보게 될 거다. 어디 한번 말해 보렴, 폭포의 물줄기가 밑에 있는 바위에 부딪혀 부서지면 그들의 기쁨이 끝나는 것 같니?"

겁쟁이는 목자가 가리키는 곳을 다시 바라보고 나서, 물이 아래로 내려갈수록 쾌활해지는 것을 알게 되었다. 마치 날개가 달려 점점 더 가벼워지는 것 같았다. 아래로 떨어져 바위에 도달하자 물 전체는 찬란하게 빛나는 무리를 이루어 함께 흐르며 기쁨에 넘쳐 돌진하고, 의기양양하게 바위를 돌거나 그 위를 소용돌이치는 물줄기가 되었다.

있는 목청껏 깔깔대고 소리치면서 그들은 낮게, 더 낮게 서둘러 내려가 초원을 지나고 다음 번 낭떠러지에 이르러서는 다시 한 번 자신을 줄 수 있는 새로운 영광스러운 위기를 맞이했다. 그들은 거기서 다시 한 번 아주 깊은 골짜기로 자신을 던졌다. 그 물살들은 바위 때문에 고통을 당하기는커녕, 강바닥에 있는 모든 장애물을 새로운 극복 대상, 혹은 위로나 옆으로 돌아갈 길을 찾을 즐거운 기회로 여기는 듯했다. 사방에 들리는 것이라고는 소리내어 웃고, 기뻐 뛰고, 환희에 차 외치는 물소리뿐이었다.

목자가 말했다.

"처음에는 뛰어내리는 것이 무서워 보이지. 그러나 네가 보듯이, 물은 그걸 전혀 두려워하지도, 한 순간도 주저하거나 위축되지도 않고 말로 다 표현할 수 없는 기쁨과 큰 즐거움으로 충만할 뿐이란다. 왜냐하면 물에게는 그것이 본능적으로 자연스러운 행동이기 때문이지. 자신을 주는 것이 물의 생활이란다. 물이 갈망하는 단 한 가지는 내려가고 또 내려가서 망설이거나 주저함 없이 자신을 주는 거란다. 네가 볼 수 있는 것처럼, 물이 그 훌륭한 충동에 따를 때 그렇게 무서워 보이던 장애물들은 전혀 해가 되지 않고, 오히려 즐거움과 기쁨을 더해줄 뿐이란다."

그렇게 말하고 나서 목자는 일행을 다시 햇빛이 내리쬐는 들판으로 인도했고, 여정의 마지막 부분을 위해 며칠 동안은 쉬라고 부드럽게 말했다.

"여정의 마지막 부분"이라는 말을 들은 겁쟁이는 너무나 행복해서 땅바닥에 주저앉을 것만 같았다. 게다가, 그 동안 목자가 쭉 함께 있을 것이라고 했다. 그는 단 한시도 그들과 떨어져 있지 않았고 함께 산책하며 이야기를 나누었다. 그들이 갈 왕국에 대해서도 많은 것을 가르쳐 주었다. 그럴 때 그의 입술에서는 은혜가 흘러나오는 것 같았고, 그가 가는 곳마다 달콤한 향기가 발하는 것 같았다. 남은 일생을 거기서 보낸다 해도 겁쟁이는 기꺼이 받아들였으리라. 여전히 굽은 발과 일그러진 입과 두려워하는 마음만 없었다면, 그녀는 높은 곳에 도달하는 데에 더 이상 관심이 없었을 것이다.

하지만 높은 곳의 경계 지점이라고 항상 맑은 것은 아니었다. 빛나는 산봉우리들이 모두 구름에 완전히 가려져 전혀 보이지 않는 흐린 날도 있었다. 그런 날에는, 맑은 날의 광경을 미리 보지 않은 이라면, 산봉우리들이 실제로 주위에 가까이 있다는 것을, 안개와 구름 너머 맑은 푸른 하늘 위로 그 봉우리들이 솟아 있다는 것을 믿기가 어려웠을 것이다.

그러나 이따금 안개 장막이 열린 창문처럼 일부 갈라져 눈부시게 흰 산봉우리가 보였다. 사라졌던 산봉우리들 중 하나가 그 창문으로 잠시 나타났는데 그 모습은 마치, "힘을 내. 네가 볼 순 없지만 우리는 여기 있어"라고 말하는 것 같았다. 그리고 나서 안개가 다시 일어나면 하늘의 창문은 닫혀 버렸다.

그런 어느 날 목자가 겁쟁이에게 말했다.

"네가 여정을 계속하다 보면 안개와 구름이 낄 때가 있을 거야. 그럴 때는 여기 높은 곳에서 본 모든 것이 그저 꿈이었거나 상상인 것처럼 여겨질 거야. 그러나 사실은, 네가 본 것이 실제이고 그 모든 것을 삼킨 안개가 덧

없는 것일 뿐이란다. 그러니 흔들리지 말고 네가 본 것을 믿어라. 네가 가는 길이 정말 높은 곳으로 올라가는 길인지 분명하지 않은 것 같거나 맞는 길로 가고 있는지 의심스러워질 때 나의 약속을 기억해. '네가 우편으로 치우치든지 좌편으로 치우치든지 하면 네 뒤에서 말소리가 네 귀에 들려 이르기를 이것이 옳은 길이니 너는 이리로 행하라 할 것'이라 했던 약속 말야. 내가 직접 개입하기 전까지는 순종해야 할 길을 따라 항상 앞으로 나아가거라. 그 길이 결코 내 뜻이 아닌 곳으로 이어지는 것 같을 때에라도 말이야.

기억해라, 겁쟁이야. 네가 본 것이 안개에 가려져 있어도, 높은 곳이 거기 네 머리 위에 솟아 있다는 것을 결코 의심하지 말아라. 그리고 무슨 일이 일어나더라도, 나는 너를 약속한 곳으로 확실히 데려갈 거라는 사실을 명심해라."

목자가 말을 마치자 안개 장막 사이로 갈라진 틈이 생겨서 높은 곳의 산봉우리들 중 하나가 파란 하늘 속에서 모습을 드러냈다.

안개가 다시 그 광경을 가리기 전에, 겁쟁이는 자신이 본 것의 기념물로 삼기 위해 발치에서 자라고 있는 용담 몇 송이를 꺾으며 중얼거렸다.

"이것은 높은 곳으로 가는 경계 지점에서 실제로 자라고 있는 꽃이고, 보이지 않더라도 산봉우리들이 항상 거기 있다는 증거야."

일행이 거기 머물던 마지막 날에 목자는 매우 멋진 일을 했다. 겁쟁이만 따로 사랑의 왕국에 있는 높은 곳의 한 산봉우리로 데려갔다. 그 산봉우리는 수없이 많은 다른 봉우리들로 둘러싸여, 눈부신 흰빛의 웅장한 왕좌처럼 높이 솟아 있었다.

그 산꼭대기에서 목자는 그녀가 보는 앞에서 변화되었고, 겁쟁이는 어렴풋이 짐작했던 대로, 사랑의 왕국 전체를 다스리는 사랑의 왕인 목자의 본모습을 보았다. 그는 정결함으로 빛나는 흰옷을 입고, 금과 귀한 보석으로 수놓은 자주색, 푸른색, 주홍색 예복을 덧입었다. 머리에는 왕관을 쓰고 있기는 했지만, 겁쟁이가 그에게 절하고 경배하기 위해 무릎을 꿇었을 때 그녀를 바라보는 그의 얼굴은, 일찍이 그녀가 사랑했고 제일 낮은 곳에서부터 꼭대기까지 따라왔던 바로 그 목자의 얼굴이었다. 그 눈은 여전히 온유하고 따스하면서도 힘과 능력과 권세로 가득했다.

아무 말 없이 손을 내밀어 그녀를 일으켜 세운 그는 그녀를 이끌고 주변 지역을 다 볼 수 있는 가장 높은 산꼭대기로 데려갔다. 목자 곁에 선 채 한없이 행복해서 거의 정신이 없는 상태로, 그녀는 사랑의 왕국을 바라보았다. 아득히 멀리 아래로 골짜기와 평야와 큰 바다와 사막도 보였다. 심지어는 그렇게 오래 살았고 목자를 처음 알게 된 수치의 골짜기까지도 알아볼 수 있을 것 같았다. 그러나 이제 그것은 아주 오래 전의 일 같고 마치 다른 사람의 일 같았다.

주변에는 온통 높은 곳의 눈 덮인 산봉우리들뿐이었다. 산 아래는 모두 매우 가파른 절벽이었고 그 위 부분은 숲으로 덮여 있었으며, 또 그 위에는 고산 초원 지대가 푸르게 펼쳐져 있었고, 다음으로는 만년설 지대였다. 어디를 보든 이 계절의 산기슭에는 순백색 꽃들이 만개해 있었는데, 그 반투명한 꽃잎들은 햇살에 비춰어 하얗게 불타는 듯했다.

그 흰 꽃의 중심에는 순금 왕관이 있었다. 그녀가 지금껏 한 번도 맡아보지 못한, 흰옷을 입은 그 꽃 무리의 향기는 높은 곳의 산기슭 전체에 진동했다. 모든 꽃들은 골짜기를 내려다보는 것처럼 그 얼굴과 금관을 산 아래쪽으로 향하고 있었는데, 그 모습은 마치 셀 수 없이 많은 무리의 "구름 같이 허다한 증인들"이 아래 세상에서 무슨 일이 일어나고 있는지 보려고 몸을 앞으로 구푸리고 있는 것 같았다. 흰옷 입은 그 꽃들은 왕과 그의 동반자가 어디로 가든지 그 발 밑에 엎드려 절했고, 전혀 상한 곳 없이 경쾌하게 다시 일어나서 전보다 더 강하고 달콤한 향기를 발했다.

목자가 겁쟁이를 데리고 간 산봉우리 꼭대기에는 순금 제단이 있었는데, 태양에 빛나며 눈부신 광채를 발하고 있었기 때문에 겁쟁이는 즉시 눈길을 돌렸다. 그래도 그 위에서 불꽃이 타오르고 연기가 일며 향내가 피어나는 것을 알 수 있었다.

왕은 그녀를 무릎 꿇게 하고 금 부젓가락으로 제단에서 타고 있는 숯을 가져와서 그녀의 입술에 대며 말했다.

"보라! 이것이 네 입에 닿았으니 네 악이 제하여졌고 네 죄가 사하여졌느니라"(사 6:7).

감당하기 어려울 만큼 아름답고 무서운 불꽃이 몸 전체를 휩쓸고 지나가는 것을 느끼자 겁쟁이는 의식을 잃고 더 이상 아무것도 기억하지 못했다.

의식을 회복했을 때, 그녀는 목자의 팔에 안겨 다시 산등성이로 돌아와 있었다. 왕복과 왕관은 사라졌지만 아직도 그 얼굴에서는 지고한 권위와 능력을 느낄 수 있었다. 머리 위로는 산봉우리들이 솟아 있었지만 밑으로는 모든 것이 구름과 안개에 휩싸여 있었다.

겁쟁이가 충분히 회복된 것을 본 목자는 그녀의 손을 잡고 함께 하얀 안개 속으로 내려갔다. 그 곳에는 작은 숲이 있었는데 나무들은 거의 보이지 않았고 땅에 떨어지는 물방울 소리만 들렸다. 숲 속 한가운데 있을 때, 새 한 마리가 노래하기 시작했는데, 안개 때문에 모습은 보이지 않았지만 그 노랫소리는 맑고 높아서 이루 말할 수 없이 감미로웠다. 그 새는 한 짧은 곡조를 계속 불렀는데, 어떤 한 구절이 반복되는 것 같았고 항상 명랑한 웃음소리 같은 더 높은 음조의 지저귐으로 끝났다. 겁쟁이에게는 그 새가 부르는 노래가 이렇게 들렸다.

그가 승리하셨네, 만세!
그가 승리하셨네, 만세!

숲은 기쁨에 찬 노래로 울렸고, 둘은 물방울이 떨어지는 나무들 사이에 가만히 서서 귀기울였다.

목자가 말했다.

"겁쟁이야. 내가 너를 데려갈 왕국을 잠시 보았지? 내일 너와 너의 동반자들은 그 곳으로 가기 위한 여정의 마지막 부분을 시작할 거야."

그리고 나서 목자가 매우 부드러운 목소리로 믿어지지 않을 만큼 멋진 말을 했다.

"네가 적은 능력을 가지고도 내 말을 지키며 내 이름을 배반치 아니하였도다… 내가 네 원수들을 네게 주어 저희로 와서 네 발 앞에 절하게 하고 내가 너를 사랑하는 줄을 알게 하리라… 네가 가진 것을 굳게 잡아 아무나 네 면류관을 빼앗지 못하게 하라. 이기는 자는 내 하나님 성전에 기둥이 되게 하리니 그가 결코 다시 나가지 아니하리라. 내가 하나님의 이름과… 나의 새 이름을 그이 위에 기록하리라"(계 3:8-12).

그러자 겁쟁이는 감히 전에는 물어 보지 못했던 것을 목자에게 질문했다. 그가 그녀의 손을 잡고 있을 때, 그녀는 말했다.

"나의 주님, 한 가지 여쭤 봐도 될까요? 목자님께서 제게 주신 약속이 성취될 때가 드디어 다가오고 있나요?"

목자는 매우 온유하게, 그러나 크게 기뻐하며 말했다.

"그래, 이제 멀지 않았단다. 그러니 마음껏 기뻐해라. 이 길을 따라 앞으로 나아가면 너는 곧 약속을 받을 것이고 네 마음의 소망을 내가 이루어 줄거야. 이제 멀지 않았다, 겁쟁이야."

안개 가득한 숲 속에 목자와 함께 선 겁쟁이는 희망에 부풀어 떨며 단 한 마디도 말할 수 없었다. 마음속 깊이 목자를 경애하면서도 자신이 환상을 본 것인지, 아니면 그런 일이 진짜로 일어났는지 혼란스러웠다. 목자의 얼굴에는 그녀가 보았다면 이해하지 못할 표정이 어려 있었지만, 그 순간 그녀는 행복에 도취되어 그를 볼 겨를도 없었다. 물방울이 떨어지는 나무 위에서 아까 그 작은 새가 아직도 기쁘게 노래하고 있었다.

"그가 승리하셨네."

그리고 이어서 경쾌하고 명랑한 소리로 지저귀며 외쳤다.

"만세! 만세! 만세!"

잠시 후 그들은 슬픔과 고통이 기다리고 있는 초원으로 내려왔다. 이제 여정을 계속할 시간이었는데, 목자가 그들을 축복하고 나서 떠나가기 직전, 고통과 슬픔이 갑자기 그 앞에 무릎을 꿇고 나지막한 목소리로 물었다.

"주님, 요 며칠 간 우리가 쉬면서 기력을 회복했던 여기는 어떤 곳입니까?"

목자는 매우 조용히 대답했다.

"이곳은 내가 사랑하는 자를 데려와 그들의 장례를 준비하기 위해 기름 붓는 곳이란다."

겁쟁이는 이 말을 듣지 못했다. 그들보다 조금 앞서 가면서 혼자 계속 되뇌고 있었기 때문이다.

"목자님이 말씀하셨어. '이제 멀지 않았으니 마음껏 기뻐해라. 내가 네 마음의 소망을 이루어 줄 거야' 라고."

15

홍수

겁쟁이 일행이 걷고 있는 길은 높은 곳으로 직행하지 않고 산허리로 완만하게 경사져 있었다. 여전히 안개가 모든 것을 감싸고 있었고 점점 더 짙어지기만 했다. 셋은 각기 다른 생각에 잠겨 묵묵히 걸었다. 겁쟁이는 목자가 가장 최근에 한 약속을 생각하고 있었다.

"보라, 내가 속히 임하리니… 네 마음의 소망을 이루리라."

고통과 슬픔은 목자와 헤어질 때 그들이 했던 질문에 대한 목자의 대답을 생각하고 있었으리라. 그들이 아무 말 없이 묵묵히 걷고 있었기 때문에 정말 그런지는 확실히 알 수 없었지만, 어쨌든 겁쟁이는 동반자들이 전보다 훨씬 더 다정하고 끈기 있게 자신을 돕고 있다는 것을 깨달았다.

저녁 무렵 그들은 길가에 있는 새로운 오두막에 다다랐다. 그 문에는 목자의 비밀 표시가 새겨져 있었으므로 그 곳에서 하룻밤 묵을 수 있다는 것을 알았다.

안에 들어가 보니 벽난로에서 불이 환하게 타고 있고 물주전자가 소리를 내며 끓고 있어 조금 전까지 누군가 그 곳에 있었다는 것을 알 수 있었다. 식탁에도 3인분의 빵과 과일이 차려져 있었다. 누군가 그들이 여기에 올 것을 알고 친절하게 준비했음이 분명했지만, 그들보다 먼저 다녀간 사람이 누구인지는 알 수 없었다. 그들은 씻고 나서 식탁에 앉아 감사하며 준비된 식사를 했다. 그리고는 피곤했던 터라 자리에 누워 금방 잠이 들었다.

아직도 매우 어두울 때, 얼마나 잤는지는 모르지만 겁쟁이는 갑자기 잠을 깼다. 동반자들은 곁에서 평화롭게 자고 있었지만, 그녀는 누군가 자기를 부르는 소리를 들었던 것이다. 조용히 기다리자 어떤 음성이 말했다.

"겁쟁이야."

"말씀하세요. 여기 있습니다. 나의 주님."

그녀가 대답하자 그 음성이 말했다.

"겁쟁이야, 높은 곳으로 따라오라고 내가 너를 불렀을 때 했던 약속과, 내가 네 가슴에 사랑을 심을 때 이미 거기서 자라고 있던 인간적 사랑에 대한 본능적인 갈망을 가지고 내가 네게 보여 줄 산 위의 장소로 가거라. 거기서 그것들을 내게 번제로 바쳐라."

한참 동안 침묵이 흐른 후에야 겁쟁이는 떨리는 목소리로 어둠 속에서 말했다.

"나의 주님, 진심이세요?"

목소리가 대답했다.

"그래, 지금 오두막 밖으로 나가면 네가 어디로 가야 할지 보여 주겠다."

그녀는 옆에 있는 두 사람을 깨우지 않고 조용히 일어나 오두막 문을 열고 바깥으로 발걸음을 내디뎠다. 모든 것이 여전히 안개에 싸여 있었고 산들도 어둠과 구름에 삼켜져 전혀 보이지 않았다. 그녀가 주변을 살펴보고 있을 때, 한쪽에서 안개가 걷히고 하늘의 작은 창문으로 밝게 빛나는 달과 별 하나가 보였다. 그 바로 밑에는 하얀 봉우리가 어슴푸레 빛났다. 그 산기슭으로는 불쑥 튀어나온 바위 턱이 보였고, 그 위로 거대한 폭포 줄기가 떨어져 아래 산비탈로 쏟아져 내렸다. 물이 쏟아져 내리는 바위의 가장자리만 보일 뿐, 그 밑은 모두 안개에 휩싸여 있었다.

그때 다시 음성이 들렸다.

"저기가 정해진 장소다."

겁쟁이는 거기를 바라보고 대답했다.

"예, 주님, 절 보아 주세요. 저는 주님의 여종이니, 주님의 말씀을 따라 행하겠습니다."

그녀는 다시 자리에 눕지 않고 오두막 문턱에 서서 날이 새기를 기다렸다. 밤을 가득 채우는 폭포 소리가 그녀의 떨리는 가슴에 천둥처럼 울려 온 몸에 퍼지면서 몸 구석구석에서 반복하여 이렇게 외치는 것 같았다.

"내가 네게 준 약속과 네 가슴속에 있는 본성적인 인간의 사랑을 취하여 번제로 드려라."

새벽빛이 희미하게 비춰 오자 겁쟁이는 자고 있는 동반자들을 깨웠다.

"즉시 출발해야 해. 큰 폭포수가 떨어지는 절벽으로 가라는 명령을 받았어."

그들은 즉시 일어나 서둘러 아침을 먹고 기력을 보충한 후 출발했다. 길은 산허리에서부터 곧바로 위로 향해서 폭포가 천둥 소리를 내며 떨어지는 곳으로 뻗어 있었지만, 여전히 안개와 구름이 모든 것을 뒤덮고 있었기 때문에 폭포의 모습은 보이지 않았다.

그들은 몇 시간 동안 계속 산을 올랐지만 갈수록 길은 더 가팔라졌다. 멀리서 천둥이 우르르 울리기 시작했고 번개의 섬광이 안개의 장막을 찢었다. 더 높이 올라갔을 때, 갑자기 여럿이 달리며 바위와 돌에 걸려 미끄러지고 긁히는 소리가 들렸다. 일행은 멈추어 서서 그들이 지나갈 수 있도록 좁은 길 한쪽으로 바짝 붙어 섰는데, 그때 유령이라도 나올 것 같은 안개 속에서 나타난 것은 가장 먼저 비겁쟁이였고 그 뒤로 쓴뿌리, 이어서 원망과 교만과 자기연민이었다.

그들은 죽을 위험에 처하기라도 한 것처럼 마구 달려오다가 세 여인에게 가까워지자 소리쳤다.

"돌아가! 당장 돌아가라구! 저 앞에서 눈사태가 일어나고 있어서 산허리 전체가 무너질 것처럼 흔들리고 있단 말야. 살고 싶으면 도망가!"

그들은 대답을 기다리지도 않고 우르르 쿵쾅 거칠게 달려서 산등성이 아래로 도망갔다.

"어떻게 해야 하지?"

고통과 슬픔이 처음으로 당황해 하며 물었다.

"오두막으로 돌아가서 눈사태와 폭풍이 그치기를 기다릴까?"

"안돼."

겁쟁이가 나지막하면서도 확고한 목소리로 말했는데, 함께 가자고 동반자들을 깨운 후에 처음으로 한 말이었다.

"안돼, 돌아가면 안돼. 나는 저 큰 폭포가 바위로 떨어지는 곳으로 올라가라는 명령을 받았어."

그러자 손에 잡힐 듯 가까운 곳에서 음성이 들렸다.

"이 길가에 너희를 위해 준비된 장소가 있단다. 폭풍이 그칠 때까지 거기서 기다려라."

그들 옆에 있는 바위벽 안에 작은 동굴이 있었는데, 입구가 너무 낮아 몸을 많이 굽혀야만 들어갈 수 있었고, 안의 공간은 쭈그리고 앉아 있을 정도밖에 되지 않았다. 그들은 함께 나란히 웅크리고 있었다. 그때 갑자기 무섭도록 격렬한 폭풍이 몰아쳤다. 산 전체가 천둥과 굴러 떨어져 부서지는 바위, 큰 눈사태로 요동쳤다. 번개는 끊임없이 번쩍이고 뜨거운 불꽃을 일으키면서 땅 위를 달렸다.

그리고는 비가 내리더니 홍수가 나고 바람이 불어와 산에 부딪혀서 주위의 모든 것이 흔들리고 꼭 무너질 것만 같았다. 넘쳐흐르는 물결이 가파른 절벽으로 쏟아져 내리고, 동굴 위 불쑥 튀어나온 바위 위로 급류가 쏟아져 동굴 입구는 완전히 폭포로 가려졌지만, 다행히 겁쟁이 일행이 함께 앉아 있는 동굴 안으로는 한 방울의 물도 들어오지 않았다.

그들이 거기에 있은 지 어느 정도 시간이 지났지만, 폭풍은 사그라지기는커녕 더욱 심해졌다. 그때 겁쟁이는 조용히 품속에 손을 넣어 늘 지니고 다니는 가죽 주머니를 꺼냈다. 그녀는 작은 돌멩이들과 조약돌들을 무릎에 쏟아 놓고는 바라보았다. 물웅덩이 가에서 목자가 그녀의 가슴에 가시를 심게 했을 때부터, 온 산이 무너지려는 것 같은 상황에서 좁은 동굴 속에 웅크리고 앉아 있는 지금까지의 여정 중에 쌓은 제단에서 주운 기념 돌들이었다. 그런데 이제 남은 것은 받은 약속, 그녀의 모든 것을 걸었었고, 그것을 의지하는 힘으로 여정을 시작할 수 있었던 그 약속을 바치라는 명령뿐이다.

그녀는 무릎 위에 있는 작은 돌 조각들을 쳐다보며 힘없이 자문했다.

"이걸 다 그냥 던져 버릴까? 이 돌들은 모두, 여기에 오기까지 목자님이 내게 하셨던 하찮은 약속이잖아?"

겁쟁이는 꽁꽁 얼어붙은 손가락으로 첫 번째 돌을 집어들고 목자가 웅덩이 가에서 처음으로 했던 말을 되뇌었다.

"내가 네 발을 사슴과 같게 하여 너를 너의 높은 곳에 다니게 하리라"(합 3:19).

그녀는 돌을 오랫동안 손에 들고 있다가 천천히 말했다.

"나는 아직 사슴의 발을 갖지는 못했지만, 상상도 못해 본 높은 장소에 올라와 있으니까, 죽어도 여한이 없어. 이걸 버리지 않을 거야."

그녀는 그 돌을 다시 주머니에 넣고서 그 다음 돌을 집어 들며 읊조렸다.

"나의 하는 것을 네가 이제는 알지 못하나 이 후에는 알리라"(요 13:7).

그리고는 약간 흐느끼며 말했다.

"적어도 반은 맞는 말이야. 나머지 반이 사실인지 아닌지는 아무도 모르지만, 그래도 나는 이걸 버리지 않을 거야."

세 번째 돌을 집어 들면서 그녀는 목자가 한 말을 인용했다.

"이것은 죽음에 이르는 것이 아니고 하나님의 영광을 위함이라"(요 11:4).

그리고 되뇌었다.

"죽음에 이르는 것이 아니라고…, '약속을 번제로 바치라'고 하시는데도?"

하지만 그 돌도 다시 넣어 두고 네 번째 돌을 집어 들었다.

"곡식은 부수어지지만… 아무도 그것을 영원히 부수지는 않는다"(사 28:28).

그녀는 "이것도 버릴 수 없어" 하며 그 돌을 다시 주머니에 담았다. 그리고 다섯 번째 돌을 꺼냈다.

"주께서 이르노라 이 토기장이의 하는 것같이 내가 능히 너희에게 행하지 못하겠느냐?"(렘 18:6).

"예, 주님께서는 하실 수 있습니다."

그녀는 그렇게 말하고는 돌을 다시 주머니 속에 넣었다.

그녀는 여섯 번째 돌을 꺼내면서 목자가 했던 말을 되풀이했다.

"너 곤고하며 광풍에 요동하여 안위를 받지 못한 자여 보라 내가 화려한 채색으로 네 돌 사이에 더하며…"(사 54:11).

그리고는 더 말을 잇지 못하고 몹시 흐느꼈다.

"어떻게 내가 이걸 버릴 수 있을까?"

그녀는 자문하면서 그 돌을 다른 돌들과 함께 주머니에 넣고 일곱 번째 돌을 꺼냈다.

"'내 양은 내 음성을 들으며 나를 따르느니라(요 10:27).' 이 돌을 던져 버릴까?"

그녀는 자신에게 물었다.

"내가 정말로 그분의 음성을 들은 걸까, 아니면 이제껏 스스로 나 자신을 속였던 걸까?"

겁쟁이는 그 약속을 하던 목자의 얼굴을 떠올리고 그 돌을 다시 주머니에 넣으면서 말했다.

"갖고 있을 거야. 어떻게 이걸 버릴 수 있겠어?"

그리고 여덟 번째 돌을 꺼냈다.

"이제 내가 하는 일을 네가 보리라"(출 6:1).

절대로 못 올라갈 것처럼 보였던 절벽과 목자가 어떻게 자기를 그 꼭대기까지 데려왔는지를 생각하면서 겁쟁이는 그 돌을 다른 돌들과 함께 넣어 두고 아홉 번째 돌을 꺼냈다.

"하나님은 인생이 아니시니 식언치 않으시고… 어찌 그 말씀하신 바를 행치 않으시며 하신 말씀을 실행치 않으시랴"(민 23:19).

그녀는 한참 동안 그 돌멩이를 손에 쥔 채 덜덜 떨며 앉아 있다가, 마침내 입을 열었다.

"난 이미 말했는걸. '만일 주님께서 저를 속이실 수 있다면 속이셔도 좋습니다' 라고. 그것이 나의 유일한 대답이야."

그리고 나서는 얼음처럼 차갑고 작은 그 조약돌을 주머니에 넣고 열 번째 돌을 꺼냈다.

"너희가 우편으로 치우치든지 좌편으로 치우치든지 네 뒤에서 말소리가 네 귀에 들려 이르기를 이것이 정로니 너희는 이리로 행하라 할 것이며"(사 30:21).

이 말을 떠올리며 그녀는 몸을 떨었지만, 잠시 후 말을 이었다.

"네가 적은 능력을 가지고도 내 이름을 배반치 아니하였도다… 네가 가진 것을 굳게 잡아 아무나 네 면류관을 빼앗지 못하게 하라"(계 3:8, 11).

열 번째 돌을 주머니에 다시 넣고, 한참 후에 그녀는 동굴 바닥에 있는 못생긴 작은 돌을 집어 다른 열 개의 돌들과 함께 주머니에 넣으며 말했다.

"그가 나를 죽이실지라도 나는 그를 의뢰하리라"(욥 13:15).

주머니를 다시 묶으면서 그녀는 말을 이었다.

"이 세상 모두가 이 돌들이 쓸모 없다고 말해도 난 이것들을 버릴 수 없어."

그리고 다시 그 주머니를 품속에 넣었다.

슬픔과 그 자매 고통은 겁쟁이 곁에 조용히 앉아 그녀가 돌멩이를 무릎에 펼쳐 놓고 하나씩 보는 것을 유심히 지켜보았다. 그리고는 안도와 감사를 나타내는 듯한 묘한 웃음을 지으며 함께 말했다.

"비가 내리고 창수가 나고 바람이 불어 그 집에 부딪히되 무너지지 아니하나니 이는 주초를 반석 위에 놓은 연고요"(마 7:25).

이제는 비가 멎고 바위 위로 쏟아지던 세찬 폭포도 그쳐서 엷은 안개만이 남아 있었다. 쿵쾅거리는 천둥과 눈사태 소리는 멀리 사라져 갔고, 동굴밖을 내다보니 저 아래에서 맑고 기쁨에 넘친 어느 새의 노랫소리가 자욱한 안개를 뚫고 들려왔다. 전에 높은 곳 기슭, 물방울이 떨어지는 숲에서 노래했던 그 새의 형제일지도 몰랐다.

그가 승리하셨네, 만세!

그가 승리하셨네, 만세!

그 깨끗하고 맑은 노랫소리를 듣자 겁쟁이의 마음속에 있던 차가움이 깨어지고 녹아 내리기 시작했다. 그녀는 마치 값을 매길 수 없는 귀한 보물을 잃어버렸다가 찾은 것처럼 주머니를 매우 힘껏 움켜쥐었다. 그리고 동반자들에게 말했다.

"폭풍이 끝났어. 이제 계속 갈 수 있어."

거기서부터는 길이 산 위로 곧장 향하여 매우 가파르게 나 있어서 겁쟁이는 손과 무릎으로 기어갈 수밖에 없었다. 높은 곳에 더 가까이 올라갈수록 더 강해져서 덜 넘어지기를 바랐지만, 현실은 정반대였다.

높이 오를수록 점점 더 힘이 빠지고, 더 약해지고, 더 잘 넘어졌다. 하지만 동반자들은 그렇지 않다는 걸 어렴풋이 알게 되었다. 그들은 높이 올라갈수록 더 활력이 넘치고 강해지는 것 같았는데, 다행스런 일이었다. 완전히 지치고 탈진한 겁쟁이를 그들이 거의 안고 가다시피 해야 했기 때문이다. 이런 상황 때문에 그들은 아주 느리게 전진할 수밖에 없었다.

둘째 날, 그들은 산허리의 작은 분지가 조그만 고원을 이룬 곳에 이르렀다. 그 곳의 절벽에서는 작은 샘물이 퐁퐁 솟아나서 분지를 가로질러 흐르다가 산허리를 따라 흘러내리며 작은 폭포를 이루었다. 그들이 쉬려고 잠시 멈추었을 때, 그 음성이 겁쟁이에게 말했다.

"길가의 시냇물을 마시고 기운을 내거라."

겁쟁이는 몸을 굽혀 바위틈에서 솟아나는 샘물을 한 모금 마셨지만, 너무나 썼기 때문에 마시자마자 토해 버리고 말았다. 그녀는 샘 가에 무릎 꿇고 앉아 잠시 숨을 돌린 후, 매우 조용하고 부드럽게 말했다.

"나의 주님, 제가 이 잔을 마시지 않으려는 것이 아니라 도저히 마실 수가 없습니다."

그러자 그 음성이 말했다.

"이 마라 샘 곁에 나무가 한 그루 자라고 있단다. 그 나뭇가지를 하나 꺾어서 물에 던지면 물이 달게 될 것이다."

샘물 맞은편을 보니 작은 가시나무 한 그루가 있었는데, 가시 돋친 줄기 양쪽으로 두 가지가 마치 십자가처럼 뻗어 있었고 온통 길고 날카로운 가시가 돋아 있었다.

고통이 가까이 가서 그 가시나무 가지를 조금 꺾어 갖다 주자 겁쟁이는 그것을 받아 물에 던졌다. 그리고는 다시 고개를 숙여 물을 마셨다. 이번에는 혀를 찌르는 듯하고 타는 듯한 쓴맛이 사라졌지만 아주 달지는 않았다. 그래도 그런 대로 마실 수는 있었기에 그녀는 그 물을 마셨다. 갈증을 채우며 마음껏 물을 들이킨 그녀는 그 물에 어떤 치료 성분이 들어 있는 것이 분명하다는 것을 알게 되었다. 마신 즉시 새 힘이 났고 상쾌해졌기 때문이다. 그녀는 그 곳 마라의 샘 곁에서 열두 번째이자 마지막 돌을 주워 주머니에 넣었다.

잠시 쉰 후에 그녀는 다시 여정을 시작했고, 길이 전보다 훨씬 더 험해졌지만 한동안은 이전보다 훨씬 더 강건해져서 어지럽거나 지치지 않았다. 이것은 그녀에게 큰 위로가 되었는데, 지금 그녀가 마음에 갈망하는 단 한 가지는 힘이 다 빠져 버리기 전에 정해진 장소에 도착해서 받은 명령을 완수하는 것이었기 때문이다. 셋째 날, "그들은 눈을 들어 멀리서 그 장소를 보았는데." 그것은 거대한 바위 절벽과 폭포였다. 험한 바위 길을 계속 올라가서 정오가 되었을 때 마침내 그들은 짙은 안개를 뚫고 약속된 장소에 다다랐다.

16

산 위의 무덤

길은 입을 쫙 벌리고 있는 깊은 구렁으로 향하다가 끊겨 버렸다. 사방을 둘러보아도 무덤 같은 협곡이 그들 앞에 입을 벌리고 있을 뿐, 나아갈 길은 없었다. 자욱히 내려앉은 구름과 안개 때문에 그 구렁이 얼마나 깊은지, 맞은편에는 뭐가 있는지도 보이지 않았고, 다만 그들을 삼킬 듯이 거대하고 깊이 벌어진 무덤 같은 구렁만 보일 뿐이었다. 잠시 동안 겁쟁이는 정말 여기가 약속된 장소인지 의심스러웠지만 크게 소용돌이치는 물소리가 들리자, 그들이 큰 폭포 가장자리 어딘가에 서 있으며 바로 이곳이 약속된 장소임이 확실하다는 것을 알 수 있었다.

동반자들을 보면서, 그녀는 조용히 물었다.

"이제 어떻게 해야 하지? 반대편으로 건너뛸 수 있을까?"

"아니, 불가능할 거야."

그들이 대답했다.

"그러면 어떻게 해야 되지?" 하고 그녀가 물었다.

"계곡으로 뛰어내려야 해."

그들이 대답했다.

"맞아. 미처 생각 못했는데, 바로 그거야."

겁쟁이는 즉시 대답했다.

그리고 나서 그녀는 이 여정에서 마지막으로(그 순간에는 겁쟁이가 그것을 알아채지 못했지만) 두 동반자들에게 손을 내밀어 도움을 요청했다. 이때 그녀는 너무나 약했고 지쳐 있었기 때문에 동반자들은 손을 잡는 대신 그녀의 양쪽에 딱 붙어서 팔짱을 껴 그녀가 완전히 그들에게 기댈 수 있도록 했다. 이렇게 해서 고통과 슬픔이 부축하는 가운데 겁쟁이는 몸을 던져 입을 벌리고 있는 무덤으로 뛰어내렸다.

그 곳은 매우 깊어서, 만일 겁쟁이 혼자 뛰어내렸다면 심하게 다쳤을 것이다. 하지만 그녀의 동반자들이 매우 강했기 때문에 그들은 상처 하나 입지 않았고, 그들이 겁쟁이를 가운데에 두고 아주 편안하게 부축하며 가볍게 착지했기 때문에 그녀는 다치거나 놀라지도 않았다. 계곡에는 안개와 구름이 매우 자욱하여 아무것도 보이지 않았지만 그들은 천천히 앞으로 나아갔는데, 어렴풋이 보이는 평평한 타원형 바위가 나타났다. 가까이 가 보니 돌 제단 같은 바위였는데, 그 뒤로 희미하게 누군가의 모습이 보였다.

"바로 여기야."

겁쟁이는 조용히 말을 이었다.

"바로 여기가 내가 제물을 드릴 곳이야."

그녀는 제단으로 올라가서 무릎을 꿇고 안개 속에서 부드러운 음성으로 말했다.

"나의 주님. 제게로 오셔서 주님께서 명하신 번제를 드릴 수 있게 도와주세요."

그러나 그 여정 중 처음으로, 전혀 아무 응답도 없었고 목자는 나타나지 않았다.

겁쟁이는 차갑고 축축한 안개 속에서, 음침한 골짜기의 쓸쓸한 제단에 완전히 홀로 되어 무릎을 꿇고 있었다. 그러자 오래 전 외로움의 해변을 걷고 있을 때 쓴뿌리가 던졌던 말이 머리에 떠올랐다.

'그는 얼마 후에 황량한 산 같은 곳으로 널 데려가서는 너 혼자 십자가를 지도록 내버려둘 거야.'

어느 정도는 쓴뿌리가 옳았는지도 모른다고 겁쟁이는 혼자 생각했다. 하지만 그 당시에는 쓴뿌리가 너무도 무식해서, 그리고 겁쟁이도 너무나 어리석어서, 이 세상에서 가장 중요한 것은 어떤 값을 치르더라도 자기가 따르고 사랑하는 분의 뜻대로 행하는 것이라는 사실을 이해하지 못했다. 그녀가 그렇게 제단 곁에 홀로 무릎 꿇고 있고, 최후의 중대한 위기 상황에 내버려져 있는 것처럼 보이는데도 불구하고 대적들이 다가오는 듯한 기미가 보이거나 소리가 들리지 않는 것은 이상한 일이었다.

산 위의 그 무덤은 높은 곳의 경계 지역에 있었기 때문에 교만, 쓴뿌리, 원망, 자기연민은 물론 비겁쟁이도 접근할 수 없었다. 그래서 그녀는 마치 전혀 다른 세상에 와 있는 것 같았는데, 대적들은 결코 그 심연으로 뛰어내릴 수 없기 때문이다. 그녀는 절망도, 희망도 없이 그 곳에 그렇게 무릎 꿇고 앉아 있었다. 번제물이 준비되지 않았다고 천사가 하늘에서 외치는 일은 절대 없으리라는 것을 분명히 알고 있었으므로 두렵지도, 위축되지도 않았다.

그녀는 커다란 평온 외에는 다른 어떤 것도 느끼지 않았고, 그 평온 속에 남아 있는 단 한 가지 갈망은 목자의 말을 행하려는 것뿐이었다. 왜냐하면 단지 목자가 그녀에게 그것을 요청했기 때문이었다. 동굴에 있었을 때 그녀 마음을 가득 채웠던 차갑고 무기력한 쓸쓸함은 이제 완전히 사라졌고 한 줄기 불꽃, 목자의 뜻을 행하려는 응축된 갈망의 불꽃만이 마음속에서 타오르고 있었다. 그 밖의 다른 모든 것은 사그라져 이미 재가 되었다.

잠시 기다려 보았지만 여전히 목자가 오지 않자, 그녀는 손을 뻗어 마지막 사력을 다해 가슴속에서 자라고 있는 자연적인 인간의 사랑과 갈망을 움켜잡고 뽑아내려 애썼다. 손을 대자마자 고뇌가 온몸 구석구석을 관통하여 찌르며 지나갔고, 거의 절망적인 고통 속에서 그녀는, 그 뿌리들이 자기 존재의 모든 부분을 휘감아 얽으며 파고 들어가 있다는 것을 깨달았다. 그것을 뽑아 내기 위해 남은 힘을 다 끌어 모아서 필사적으로 애썼지만, 한 가닥의 작은 뿌리조차 미동도 하지 않았다.

이곳에 와서 처음으로 그녀는 두려움과 공포 같은 것을 느꼈다. 그녀는 목자가 부탁한 것을 할 수 없었던 것이다. 마침내 제단에 이르렀건만 순종할 힘이 없었다. 그녀는 산을 올라오는 내내 안내자와 조력자가 되었던 두 동반자를 바라보며 그녀가 혼자 할 수 없는 것을 해달라고, 그녀 마음속에 있는 것을 뽑아 달라고 도움을 요청했다. 그런데 처음으로 고통과 슬픔이 고개를 저었다. 그리고 이렇게 대답했다.

"너를 위해 할 수 있는 것은 모두 다 했지만, 이것은 우리도 할 수가 없어."

그러자 제단 뒤에 희미하게 보이던 인물이 앞으로 걸어오더니 조용히 말했다.

"나는 이 제단의 제사장이다. 원한다면 내가 네 가슴에서 그것을 뽑아 주마."

겁쟁이는 즉시 그를 바라보며 말했다.

"아, 고맙습니다. 제발 그렇게 해주세요."

그는 그녀 곁으로 다가섰으나 안개 때문에 그 모습이 불분명하고 흐릿해 보였다. 겁쟁이는 계속 간청했다.

"저는 정말 겁쟁이예요. 그래서 고통 때문에 당신이 하시는 일에 저항할까 봐 걱정돼요. 그러니 움직이지 못하도록 저를 제단에 묶어 주시겠어요? 내 주님의 뜻이 이루어지는 동안 발버둥치고 싶지 않아요."

구름이 자욱하게 낀 계곡에 잠시 침묵만이 흐르다가 드디어 제사장이 대답했다.

"좋아, 제단에 묶어 주겠다."

그리고 그는 그녀의 손과 발을 묶었다.

그가 다 묶자, 겁쟁이는 전혀 보이지 않는 높은 곳을 우러르며 안개 속에서 조용히 말했다.

"나의 주님, 저를 보세요. 저는 주님께서 보내신 곳에서 주님 말씀을 따르고 있어요. 주께서 죽으시는 곳에서 저도 죽어 거기 장사될 것입니다. 만일 제가 죽는 일 외에 주님을 떠나면 여호와께서 제게 벌을 내리시고 더 내리시기를 원합니다"(룻 1:17).

여전히 침묵이, 무덤 같은 침묵이 흘렀다. 사실, 그녀의 소망은 무덤 속에 묻힌 것이나 마찬가지였다. 아직도 약속된 사슴의 발을 갖지 못했고, 여전히 높은 곳 바깥에서 제단에 누워 있을 뿐이었으며, 길고 지루한 여정 끝에 도달한 곳이 이런 곳이었다. 그러나 겁쟁이는 제단에 눕기 직전에 다시 한 번, 그녀가 높은 곳을 향해 여정을 시작한 이유가 되었던 영광의 약속을 되뇌었다.

"주 여호와는 나의 힘이시라, 나의 발을 사슴과 같게 하사 나로 나의 높은 곳에 다니게 하시리로다. 이 노래는 영장을 위하여 내 수금에 맞춘 것이니라"(합 3:19).

제사장은 강철로 된 손을 곧바로 그녀 가슴속에 집어 넣었다. 그러자 찢고 뜯어내는 소리가 들리더니, 인간적 사랑의 무수히 많은 잔뿌리들까지 모조리 뽑혀 나왔다.

제사장은 그것을 잠시 들고 있다가 말했다.

"그래, 바로 지금이 제거할 때였어. 이제 잔뿌리는 하나도 남지 않았다."

그는 말을 끝내고 그것을 제단 위에 던진 후 그 위에 손을 폈다. 그러자 제단을 가를 것 같은 불꽃이 솟더니, 그 곳에는 재만 남아 있었다. 그 재는 겁쟁이의 가슴속에 그토록 오래 심겨 있었던 인간의 사랑의 재일 수도 있고, 그 길고도 낯설었던 여행에서 그녀의 동반자였던 고통과 슬픔의 재일 수도 있었다. 이제 겁쟁이는 완전한 안식과 평안에 휩싸였다. 마침내 제물을 드렸고 더 이상 할 일이 없었다. 제사장이 그녀를 풀어 주자 그녀는 제단 위의 재 위로 몸을 숙여 온 마음으로 감사하며 말했다.

"다 끝났어."

그리고는 기진맥진하여 잠이 들었다.

2

"아침에는 기쁨이 오리로다"

(시 30:5)

17

치유의 강물

마침내 겁쟁이가 눈을 떴을 때는 해가 중천에 떠 있었고, 그녀는 자신이 동굴 안에 누워 있다는 것을 깨닫고는 밖을 내다보았다. 만물이 반짝이는 햇빛을 받아 찬란하게 빛나고 있었다. 그녀는 조금 더 누워서 자신이 어디에 있는 것인지 알아내려고 기억을 가다듬었다.

햇살이 쏟아지는 바위 동굴 안은 따뜻하고 조용했으며, 감송향과 유향과 몰약의 감미로운 향기도 가득했다. 그 향기는 바로 그녀의 몸을 감싸고 있는 천에서 나고 있었다. 그녀는 가만히 천을 젖히고 일어나 앉아 주위를 둘러보았다. 그러자 무슨 일이 일어났었는지 모두 생각이 났다.

그녀와 두 동반자는 산 위의 구름이 짙게 낀 계곡에 올라가 희생의 제단으로 왔었고 제사장이 그녀의 가슴에서 인간적인 사랑의 꽃을 뽑아 내어 제단에 불살랐었다. 그것을 기억하면서 그녀는 자기 가슴을 내려다보았는데, 향기 나는 천으로 덮여 있었고, 그 달콤한 향기가 온 동굴 안을 가득 채우고 있었다. 호기심에 천을 한쪽으로 걷어 보니, 놀랍게도 가슴에는 상처 자국, 흉터 하나 없었고 몸의 어느 곳도 아프거나 고통스럽지 않았다.

그녀는 조용히 일어나 동굴 밖으로 나가 가만히 서서 주위를 둘러보았다. 자욱한 안개 때문에 아무것도 보이지 않던 계곡이 이제는 황금빛 햇살 아래 빛나고 있었다. 사방에는 부드러운 초록 풀이 자라고 있었고, 용담과 보석같이 찬란한 여러 가지 꽃들이 별처럼 여기저기 박혀서 반짝였다. 암벽에서는 향기로운 백리향, 이끼, 은매화 모두가 영롱한 이슬로 빛나고 있었다.

동굴에서 약간 떨어진 계곡 중앙에는 그녀가 묶였었던 긴 돌 제단이 있었다. 그런데 밝은 햇살 속에서 보니 꽃들과 이끼가 제단 곁을 파랗게 덮고 있었다. 작은 새들은 여기저기 콩콩 뛰어다니며 풀잎에 맺힌 이슬방울을 떨어뜨리고 부리로 깃털을 다듬으면서 즐겁게 재잘거렸다.

그 중 한 마리가 제단 바로 위에 앉아서 작은 목청을 울리며 즐거운 노래를 지저귀었다. 그러나 무엇보다도 가장 아름답고 멋진 것은 바위 제단 밑으로부터 "수정처럼 맑은 큰 강물"이 콸콸 솟아오르는 것이었다. 그 강물은 골짜기에 있는 작은 폭포들로 흘러가서 바위 웅덩이들을 지나 마침내 넓은 바위 끝자락까지 환호하고 즐겁게 떠들면서 흘러갔다. 그녀는 거대한 폭포의 근원지에 서 있었고, 그 폭포는 제사장이 자신을 묶었던 바로 그 제단 밑에서부터 흐른다는 것을 알았다.

그녀는 잠시 서서 주위를 둘러보았다. 왠지 모르게 점점 커 가는 기쁨과 말할 수 없이 감미로운 평안으로 가슴은 두근거리고 흥분되었다. 그녀는 계곡에 완전히 홀로 있었다. 동반자인 슬픔과 고통이나 제사장은 보이지 않았다. 이 계곡 안에서 숨쉬고 움직이는 것은 그녀 곁에서 즐겁게 지저귀는 작은 새들, 곤충들, 꽃 사이로 훨훨 날아다니는 나비들뿐이었다. 구름 한 점 없는 맑은 하늘 아래, 높은 곳의 산봉우리들이 눈부신 흰빛으로 빛나고 있었다.

주변을 둘러본 후에 그녀가 처음으로 한 일은 제단 밑에서 콸콸 솟아나는 강물을 향해 다가간 것이었다. 그 강물은 거부할 수 없을만큼 매력적이었다. 그녀는 강둑으로 가서 몸을 굽혀 수정같이 맑고 깨끗한 물을 손가락으로 튀겨 보았다. 물은 얼음처럼 차가우면서도 온몸을 환희의 물결로 휩쓸며 전율시켰고, 그녀는 더 지체하지 않고 입고 있던 흰 세마포 옷을 벗고서 바위 연못에 들어갔다. 그처럼 상쾌하고 기분 좋은 일을 체험해 본 적이 없었다. 마치 솟구쳐 흘러나오는 생명수의 강에 잠기는 것 같았다. 결국 다시 물웅덩이에서 나오자 그 즉시 몸의 물기가 말랐고, 머리부터 발끝까지 완전한 행복감에 젖었다.

그녀는 물웅덩이 가의 이끼 낀 둑에 서서 우연히 아래를 내려다보다가,

자신의 발이 더 이상 과거처럼 비뚤거나 추하지 않고 "곧은 발"이 된 것을 난생 처음 보게 되었다. 그 발은 완전한 모양을 갖추고 있었고 부드러운 푸른 초원에서 희게 빛나고 있었다.

그러자 언젠가 목자가 말했던, 높은 곳의 땅에서 솟는다는 치유의 강물이 기억났다. 그녀는 몹시 기쁜 나머지 곧바로 다시 웅덩이로 들어가, 맑은 물 속에 머리를 담그고 얼굴에 물을 끼얹었다. 그리고 나서 바위 사이에서 거울처럼 고요하고 맑은 작은 웅덩이를 발견했다. 그녀는 무릎을 꿇고 그 고요한 수면을 바라보았다. 얼굴이 아주 또렷이 보였는데, 추하고 비뚤어진 입은 사라지고 물에 비친 그 얼굴은 어린아이의 얼굴처럼 평온하고 완전했다.

그런 후 그녀는 계곡 여기저기를 거닐다가 딸기와 블루베리, 그리고 다른 여러 가지 열매들을 발견했다. 그것 한 움큼이면 기운을 되찾고 힘을 내는 데 더할 나위가 없다는 것을 알게 되었다.

그리고는 물이 쏟아져 내리는 바위 절벽 끝에 이르러, 물이 벼랑에서 떨어지면서 떠들썩하고 즐거운 소리로 다른 모든 소리들을 압도하는 것을 한동안 서서 지켜보았다. 굽이쳐 아래로 쏟아지는 수정같이 맑은 물은 햇살을 받아 빛났고, 훨씬 밑으로는 목자가 그녀를 데려갔던 폭포 아래 고산 초원 지대가 보였다. 그녀는 완전한 평화에 휩싸였고 커다란 내적 평온과 만족을 느꼈으므로, 호기심과 외로움과 기대 같은 모든 감정은 사라져 버렸다.

그녀는 앞날에 대해서도 전혀 생각하지 않았다. 오랜 여정 후에, 산 위에 높이 숨어 있는 이 고요한 계곡, 생수의 강이 곁에서 흐르고 있는 이곳에서 쉬며 기력을 회복한 것만으로도 충분히 만족스러웠기 때문이다. 잠시 후 그녀는 이끼 덮인 둑에 누워 잠들었고 깨어나서는 다시 강에서 목욕을 했다. 이렇게 쉬고 목욕하고, 가끔씩 열매들을 먹어 기력을 얻고 나서 다시 잠들고 하면서, 길고 조용한 하루는 달콤한 꿈처럼 흘러갔다.

이윽고 산 그림자가 길어지며 해가 서산으로 지고 눈 덮인 봉우리들이 장밋빛과 불꽃 같은 빛으로 빛날 때, 그녀는 동굴 안으로 돌아와 누워 향기 나는 이불을 덮고는, 첫 날에 제사장이 그녀를 그 곳에 뉘어 쉬게 했을 때처럼 깊은 단잠에 빠져들었다.

18

사슴의 발

  사흘째, 날이 채 밝기도 전에 그녀는 갑자기 벌떡 일어나 기쁨에 설레서 급히 달려나갔다. 자기 이름을 부르는 소리나 어떤 음성을 들은 것은 아니었지만, 누군가가 자신을 불렀다는 것을 알았다. 신비롭고 가슴에 사무치도록 감미로워, 그 부르심이야말로 자신이 동굴 안에서 처음 눈을 뜬 순간부터 기다렸던 것이라는 사실을 본능적으로 알 수 있었다. 그녀는 밖으로 나가 향기로운 여름밤 속을 걸었다. 동녘에서 어스름한 첫 새벽빛이 나타나는 하늘에 샛별이 낮게 떠 있었다. 가까운 어딘가에서 새 한 마리가 맑고 아름답게 노래했고, 가벼운 미풍이 풀밭을 움직이며 지나갔다. 그것말고는 큰 폭포의 소리만 들릴 뿐이었다.

그때 다시금 높은 곳 어딘가에서 부르는 소리가 들려 와 그녀의 마음속에 울려 퍼졌다. 그녀는 희미한 새벽 빛 속에 서서 열심히 주위를 둘러보았다. 그녀의 몸의 모든 감각이 그 부르심에 응답하려는 열망으로 소용돌이치고, 당장 산 위로 뛰어 올라가고 싶은 충동으로 발과 다리가 전율하는 것을 느꼈다. 하지만 어디로 가야 이 계곡을 벗어날 수 있을까? 폭포가 흐르는 절벽 외에는 수직으로 솟은 미끄러운 암벽으로 사방이 막혀 있었다.

출구를 찾기 위해 갖은 애를 다 쓰고 있을 때, 이끼 덮인 근처 둑에서 산에 사는 수사슴 한 마리가 펄쩍 뛰어 올랐고 그 뒤를 암사슴이 바짝 따르고 있었는데, 거대한 상처의 절벽에서 본 모습과 똑같았다. 그녀가 지켜보니 수사슴은 바위 제단 위로 펄쩍 뛰어 올랐고, 거기서 다시 아주 멀리 뛰어서 골짜기 맞은편 암벽에 튀어나온 가장자리로 올라갔다. 그러자 암사슴이 바짝 뒤를 좇았고, 수사슴은 계속해서 계곡의 거대한 암벽을 펄쩍펄쩍 뛰어 오르기 시작했다.

겁쟁이는 잠시도 주저하지 않았다. 순식간에 바위 제단 위로 뛰어가 껑충 건너뛰어서 어느새 절벽의 튀어나온 부분에 발을 디뎠다. 그 다음에도 수사슴과 암사슴이 지나 간 바로 그 자리에 발을 디디며 완전한 기쁨과 환희로 가득 차서 뛰고 솟구치면서 사슴 한 쌍의 뒤를 따라 절벽을 올랐다. 그녀 앞에서 사슴의 발굽 소리가 작은 은망치 소리처럼 암벽을 울렸다.

사슴 한 쌍과 겁쟁이는 순식간에 계곡 꼭대기로 올라왔고, 그녀는 부르심이 들려 온 산꼭대기를 향해 계속 산등성이를 뛰어 올라갔다. 동쪽에서

는 장밋빛 햇살이 비쳐 오고, 그 빛을 받은 산꼭대기의 눈은 불꽃처럼 빛
났다. 그녀가 신나게 이 바위에서 저 바위로 건너뛸 때, 첫 아침 햇살이
산꼭대기 너머로 비쳐 왔다. 목자는 바로 거기, 산꼭대기에 서 있었다.
그는 그녀가 생각했던 그대로, 강하고 당당하고 빛나는 모습으로
아름다운 아침 햇살 속에 서서 그녀를 향해 양손을 벌리
고 크게 웃으며 불렀다.

"너, 사슴의 발을 가진 자여, 이리로 뛰어 오너라."

그녀는 마지막으로 날 듯이 펄쩍 뛰어 그의 손을 잡았고 산꼭대기 그의 곁에 섰다. 사방으로는 다른 눈 덮인 큰 산들이 줄지어 솟아 있었고, 그 꼭대기들은 하늘로 치솟아 올라 끝이 보이지 않았다. 그는 전에 그녀를 높은 곳으로 데려가 사랑의 황금 제단에서 불붙은 숯을 그녀의 입에 대었을 때처럼, 왕관을 쓰고 왕의 예복을 입고 있었다. 그때는 위

엄과 근엄함으로 엄한 얼굴을 하고 있었지만, 지금은 그녀가 상상할 수도 없을 만큼 큰 기쁨으로 빛나고 있었다.

그는 말없이 자신의 발치에 무릎 꿇은 그녀에게 말했다.

"마침내, 마침내 네가 여기에 왔구나. 이제 '울음이 기숙하는 밤은 지나고 아침에는 네게 기쁨이 오는구나.'"

그녀를 일으켜 세우고 그는 계속 말했다.

"지금이야말로 네게 한 약속이 이루어질 때야. 이제 결코 다시는 너를 겁 쟁이라고 부르지 않겠다."

목자는 다시 한 번 웃으며 말했다.

"내가 그녀 위에 새 이름을, 그녀의 하나님의 이름을 적을 것이다. '여호 와 하나님은 해요 방패시라. 여호와께서 은혜와 영화를 주시며 정직히 행 하는 자에게 좋은 것을 아끼지 아니하실 것임이니라(시 84:11).' 네 새 이 름은 이거란다."

목자가 선언했다.

"이제부터 너는 은혜와 영광이야."

그녀는 여전히 아무 말도 못하고 기쁨과 감사와 경외와 놀라움으로 말문 이 막힌 채 서 있었다.

그는 계속해서 말을 이었다.

"이제 사랑의 꽃에 대한 약속, 네 가슴속에 '사랑의 꽃'이 필 때 사랑을 되돌려 받으리라는 약속이 이루어지는 거야."

은혜와 영광은 처음으로 입을 열고 부드럽게 말했다.

"나의 주, 나의 왕이시여. 제 가슴속에는 활짝 필 사랑의 꽃이 없어요. 주님의 명령대로 그 꽃은 제단 위에서 불살라져 재가 되었어요."

"사랑의 꽃이 없다고?"

그는 그 말을 되풀이하고는 어찌나 온화하고 기쁘게 웃던지, 그녀는 몸둘 바를 몰랐다.

"그건 이상하구나, 은혜와 영광아. 그렇다면 네가 어떻게 여기에 올 수 있었지? 너는 지금 높은 곳에 있는 사랑의 왕국에 와 있는 거란다. 네 가슴을 열어 거기에 무엇이 있는지 보도록 하자꾸나."

그의 말대로 그녀가 가슴을 열어 보이자, 지금까지 맡아 본 중에 가장 달콤한 향기가 그녀의 코를 스쳤고 주변 공기는 그 향기로 가득 찼다. 그녀의 가슴속에는 식물 한 그루가 있었는데 그 모양과 형태는 순백색으로 거의 투명하기까지 한 꽃잎에 가려 보이지 않았고, 향기는 바로 그 꽃잎에서 퍼져 나오고 있었다.

은혜와 영광은 놀라움과 감사함으로 숨이 막혔다.

"나의 주, 나의 왕이시여, 이 꽃이 어떻게 여기 피었죠?"

그가 웃으며 대답했다.

"그야 내가 직접 심었지. 너도 분명히 기억할 거야. 수치의 골짜기에 있는 양을 물 먹이는 웅덩이 가에서 네가 나와 함께 높은 곳으로 가겠다고 약속한 날이었지. 이 꽃은 그 가시 모양의 씨에서 자란 것이란다."

"그렇다면 주님, 제가 제단에 묶여 있을 때 제사장이 제 가슴에서 뽑아 낸 것은 무엇이었나요?"

"기억하니, 은혜와 영광아? 물웅덩이 가에서 네가 네 가슴을 들여다보았을 때 거기에 내게 속한 사랑은 없었고 사랑받으려는 갈망만이 있었던 것을 말이야."

그녀는 의아한 듯 고개를 끄덕였다.

"내가 네 가슴에서 뽑아 낸 것은 바로 그 본성적인 인간의 사랑이었단다. 그것을 뽑아 낼 때가 되고 그것이 완전히 뽑힐 만큼 뿌리가 느슨해졌을 때 뽑아 냈단다. 그래서 참된 사랑만 거기서 자라 네 가슴을 전부 채울 수 있게 한 거야."

"목자님께서 그걸 뽑아 내셨다구요!"

그녀는 감탄하여 그 말을 천천히 반복했다.

"오 나의 주, 나의 왕이시여, 주님께서 그 제사장이셨나요? 주님께서 저를 버리셨다고 생각했는데, 그때 주님은 계속 제 곁에 계셨군요!"

그가 고개를 끄덕이자 그녀는 그의 손을 잡았다. 상처 자국이 있는 그 손을, 그녀 가슴에 가시 모양의 씨를 심었던 바로 그 손을, 강철 손이 되어 그녀의 모든 고통의 원인이었던 그 사랑을 뽑아 냈던 그 손을, 그녀는 기쁨의 눈물로 적시며 입을 맞추었다.

"이제 약속이 이루어질 시간이구나. 사랑의 꽃이 네 가슴속에 필 때 사랑을 돌려 받게 되리라는 약속 말이야."

그는 그녀의 손을 잡으며 말을 이었다.

"보라 내가 내 사랑을 네 위에 두었으니 너는 내 것이라… 내가 무궁한 사랑으로 너를 사랑하는 고로 인자함으로 너를 인도하였노라"(렘 31:3).

그리고는 또 이렇게 말했다.

"은혜와 영광아, 여정 중에 네가 모은 기념 돌들이 담긴 주머니를 이리 주렴."

그녀가 그 주머니를 품에서 꺼내어 넘겨주자 그는 그녀에게 손을 펴라고 했다. 그녀가 그렇게 하자, 그는 작은 주머니 입구를 열고 그 안에 들어 있는 것들을 그녀 손바닥에 쏟아 부었다. 그러자 그녀는 다시 한 번 몹시 놀라고 기뻐서 숨이 막힐 지경이 되었다. 손바닥에 떨어진 것은 그 동안 제단 위에서 주워 모았던 평범하고 못생긴 돌들이 아니라, 눈이 부시도록 찬란하게 빛나는 매우 진귀하고 아름다운 보석들이었기 때문이다. 반짝이는 보석들의 아름다움에 어안이 벙벙한 상태로 서 있던 그녀는 목자가 순금으로 된 고리를 가지고 있는 것을 보았다.

"너 곤고하며 광풍에 요동하여 안위를 받지 못한 자여, 보라 내가 화려한 채색으로 네 돌 사이에 더하리라."

먼저 목자는 그녀의 손에서 가장 크고 아름다운 보석인, 마치 천국의 길처럼 빛나고 있는 사파이어를 집어서 금 고리 한가운데에 박았다. 그 다음에는 핏빛으로 불타는 루비를 집어서 사파이어의 옆에 박고 그 반대쪽에는 밝은 초록빛 에메랄드를 박았다. 그리고 나서 다른 보석들까지, 모두 열두 개의 보석을 금 고리에 배열한 다음 그것을 그녀의 머리에 씌웠다.

그 순간 은혜와 영광, 홍수를 피해 있던 동굴에서 지금 머리 위 왕관에서 눈부시게 빛나는 이 돌들을 가치 없다고 여겨서 그것들을 버리고 싶은 유혹에 넘어갈 뻔했던 일을 기억했다. 또 그때 그녀의 귓전에 울려서 그 돌들을 버리지 않게 해주었던 말을 기억했다.

"네가 가진 것을 굳게 잡아 아무나 네 면류관을 빼앗지 못하게 하라."

만일 그녀가 그 돌들을 던져 버리고, 목자의 약속을 더 이상 신뢰하지 않고, 더 이상 그의 뜻에 순복하지 않았다면? 그에게 찬양과 영광이 되는 보석들과 그녀가 쓸 왕관은 없었을 것이다.

그녀는 불쌍한 겁쟁이였던 자신을 지금까지 인도하고 훈련하고 보호하여 넘어지거나 되돌아가지 않도록 하고, 모든 시련을 영광으로 바꾼 목자가 베푼 은혜, 사랑, 부드러운 애정, 인내를 생각하면서 경탄했다. 계속 말하고 있는 그의 얼굴에 나타난 미소는 다른 어느 때보다도 기쁨에 넘친 것이었다.

"딸이여, 듣고 생각하고 귀를 기울일지어다. 네 백성과 아비 집을 잊어버릴지어다. 그러하면 왕이 너의 아름다움을 사모하실지라. 저는 너의 주시니 너는 저를 경배할지어다…. 왕의 딸이 궁중에서 모든 영화를 누리니 그 옷은 금으로 수놓았도다. 수놓은 옷을 입은 저가 왕께로 인도함을 받으며 시종하는 동무 처녀들도 왕께로 이끌려 갈 것이라. 저희가 기쁨과 즐거움으로 인도함을 받고 왕궁에 들어가리로다"(시 45:10-15).

그는 다시 말을 이었다.

"은혜와 영광아, 이제 너는 나와 함께 여기 높은 곳에서 살고, 내가 가는 곳에 가고, 저 밑 골짜기에서 내가 하는 일을 나누어야 할 거야. 너의 동료와 도움이 될 사람이 있는 게 좋을 테니 이제 그들을 네게 데려오마."

그 말을 듣고 은혜와 영광은 심각하게 목자를 응시했는데, 눈에는 눈물이 그렁그렁했다. 전에 그가 자신에게 준 충실한 안내자들인 고통과 슬픔을 기억했던 것이다. 그들의 도움과 친절과 인내 덕분에 산을 올라 높은 곳까지 이를 수 있었다. 그녀는 자신의 주이자 왕이신 분과 함께 있으면서 새 이름을 받고 기쁨과 영광의 면류관을 쓸 때에도 계속 그들을 생각했고, 사실 그들도 그 자리에 함께 있기를 간절히 원했다. 왜 자기 혼자만 이 모든 것을 받아야 하는가? 그들도 똑같이 여정을 감내했고, 그녀를 지원하고 도왔으며, 똑같은 시련과 원수들의 공격을 통과했는데 말이다.

그런데 지금 자신은 여기 있고 그들은 없다. 그녀는 처음으로 그에게 간청하기 위해, 그녀의 주가 처음에 선택해 주고 그녀를 영광스러운 높은 곳으로 데려온 그들이 계속 자신의 동반자가 될 수 있게 해달라고 말하기 위해 입을 열었다. 그러나 그녀가 말을 꺼내기도 전에, 그는 조금 전과 같은 매우 아름다운 미소를 띠고 말했다.

"은혜와 영광아, 지금부터 영원히 너와 함께 있도록 내가 선택한 조력자들이 여기 있다."

찬란하게 빛나는 두 사람이 다가오고 있었는데, 아침 햇살이 눈처럼 흰 그들의 옷에 반사되어 더욱 밝게 빛났기 때문에 눈이 부셔서 쳐다보지도 못할 정도였다. 그들은 은혜와 영광보다 키가 크고 더 강하게 보였지만, 무엇보다도 그녀의 마음을 사로잡은 것은 그들의 얼굴에 나타난 아름다움과 그 눈에서 빛을 발하는 사랑이었다. 그 모습을 보자 그녀는 기쁨과 감탄에 휩싸여 몸이 떨릴 지경이었다. 그들은 환희와 즐거움으로 빛나는 얼굴을 하고 더 가까이 다가왔지만 아무 말이 없었다.

"당신들은 누구죠? 이름을 말해 주시겠어요?"

은혜와 영광이 부드럽게 물었다.

그들은 대답 대신 서로 바라보며 미소지은 다음, 마치 그녀의 손을 잡으려는 것처럼 손을 내밀었다. 그 익숙한 동작에 은혜와 영광은 그들이 누군지 알아채고는 기쁨을 참지 못해 외쳤다.

"아니! 너희들은 고통과 슬픔이구나. 아, 어서 와! 정말 잘 왔어! 얼마나 너희들을 다시 만나고 싶었는지 몰라."

그들은 고개를 저었다. 그리고 웃으며 말했다.

"오, 아냐! 네가 더 이상 겁쟁이가 아닌 것처럼 우리도 이제 고통과 슬픔이 아니란다. 높은 곳에 오는 모든 것은 변화되잖니. 네가 우리를 이곳으로 데려왔기 때문에 우리는 기쁨과 평화로 변했단다."

"내가 너희들을 이곳으로 데려왔다고?"

은혜와 영광은 깜짝 놀랐다.

"정말 이상한 표현법인걸! 아니, 처음부터 끝까지 너희가 나를 이곳으로 데리고 왔잖아."

그들은 다시 고개를 저으며 미소지었다.

"아니야. 은혜와 영광아, 우리끼리는 도저히 여기 올 수 없었어. 고통과 슬픔은 사랑의 왕국에 들어갈 수 없기 때문이지. 그렇지만 네가 우리를 받아들이고 네 손을 맡길 때마다 우리는 변화되었어. 만일 네가 되돌아갔거나 우리를 거부했다면, 우리는 결코 이곳에 오지 못했을 거야."

그들은 다시 한 번 마주보며 부드럽게 소리내어 웃고는 말했다.

"처음 산기슭에서 너를 보았을 때 우리는 좀 절망하고 낙심했단다. 넌 우리 때문에 아주 겁먹고 위축되어서 달아나기만 하고 우리 도움을 받아들이려 하지 않는 것 같았어. 그래서 우리는 둘 다 높은 곳에 들어가지 못하고 계속 슬픔과 고통으로 남아 있게 될 것 같다고 생각했었지. 그러나 이제 알게 되었듯이, 우리의 주님이자 왕이신 분의 계획은 참으로 은혜로운 것이었어. 그래서 결국 너는 우리를 이곳으로 데려왔고, 이제 우리는 영원한 너의 동반자이자 친구가 될 거야."

그들은 그녀에게 다가와 팔을 둘렀고 세 사람은 말로 표현할 수 없는 사랑과 감사와 기쁨에 넘쳐 서로 끌어안고 입맞추었다. 이렇게 은혜와 영광은 새로운 이름을 가지고, 왕과 하나로 연합하고, 영광의 왕관을 쓰고, 동반자이자 친구들과 함께 높은 곳에 이르러 사랑의 왕국 안으로 인도되었다.

19

높은 곳

은혜와 영광은 조력자인 기쁨과 평화와 함께 몇 주 동안 높은 곳에 머물면서, 고지를 답사하고 왕에게 새로운 교훈들을 많이 배웠다. 왕은 친히 그들을 여러 곳으로 인도하여 그들이 그 시점에서 이해할 수 있는 한도 내에서 많은 것을 설명해 주었고, 그들 스스로 답사하는 것도 격려했다. 그 곳 높은 곳에는 새롭고 아름다운 발견 거리가 항상 있었기 때문이다.

지금 그들이 있는 높은 곳도 가장 높은 곳은 아니었다. 더 높은 봉우리들이 하늘 속으로 치솟아 있었는데, 그 곳은 이 세상 사람의 눈으로 볼 수 없고 지상에서의 순례자의 삶을 마친 자들만이 갈 수 있는 곳이었다. 은혜와 영광과 그녀의 두 친구는 사랑의 왕국에서 가장 낮은 곳, '초보자용 기슭'에 있었던 것이고, 바로 그 곳이 지금의 시점에서 그들이 탐험하고 즐겨야 할 지역이었다. 그 기슭에서 밑에 있는 골짜기를 내려다볼 수 있었는데, 여기서 새로운 시야로 바라보니, 전에 밑에서 쳐다볼 때에는 아리송하고 불가사의했던 많은 것들이 이해되었다. 아래에서는 분명하게 보이지 않았을 뿐 아니라 아주 작은 부분만을 볼 수 있었다.

하지만 그들이 사랑의 왕국 산등성이에서 가장 먼저 깨달은 것은, 장차 왕께서 자신들을 더 높은 곳으로 데려가시면 얼마나 더 많은 것을 보고 배우고 이해하게 될까라는 것이었다. 그들이 지금 누리고 있는 절경은 저 멀리 있는 것이나 위의 더 높은 곳에서만 볼 수 있는 광경에 비하면 아주 작은 것에 불과했다.

옛날, 저 아래 좁은 골짜기에서 터무니없이 편협한 시각을 갖고 있을 때에는 상상하지도 못했던 수많은 지역이 위로 연달아 있다는 것을 이제는 매우 확실히 알게 되었다. 그녀는 이따금 사랑의 왕국의 가장 낮은 기슭에서 아래에 펼쳐진 파노라마 같은 찬란한 광경을 내려다보고는, 자신과 다른 사람들이 골짜기 저 아래에서 높은 곳과 진리의 지역에 대해 무지하고 독단적인 말을 했던 것이 기억나, 자신도 모르게 얼굴을 붉혔다. 거기서는 위에 뭐가 있는지 거의 보이지도 않았고, 생각도 하지 않았다. 저 아래 골짜기에서처럼, 이 멋진 기슭에서 보는 광경조차도 전체에 비하면 정말 작은 한 귀퉁이에 불과하다는 것을 그녀는 이제 깨달았다.

사랑의 왕국 첫 번째 기슭에서 그녀는 지칠 줄 모르고 영광스럽고 새로운 관점으로, 모든 것을 지금까지와는 전혀 다른 시야로 바라보고 있었다. 그렇게 보고 깨닫게 되면서 우러나는 기쁨과 감사로, 때로는 표현할 수 없이 마음을 감싸는 안도감으로 도취될 지경이었다. 골짜기에서 올려다보았을 때에는 어둡고 무섭다고 생각했던 것들, 사랑의 왕국의 일부가 되기에는 너무도 어울리지 않는 것 같아서 걱정스러웠던 부분들이 이제는 훌륭하고 멋진 전체의 일부로 보였다. 아주 많이 바뀌고 변화된 듯한 그 웅장한 모습을 볼 때, 이전에는 얼마나 보는 눈이 없고 어리석었기에 그런 잘못된 생각을 했는지 의아해졌다.

진리는 책이나 기록된 글만을 통해서 이해하는 것이 아니라, 분별력을 갖고 인격적으로 성장하며 발전해야만 제대로 이해할 수 있다는 것을 그녀는 깊이 깨닫게 되었고, 사람이 낮은 수준의 영적 상태로 살아갈 때나 산 위의 깊은 구렁에서 엉뚱한 쪽에 있을 때에는 가장 위대한 책의 내용조차 심각하게 오해할 수 있다는 것을 깨달았다.

또 그녀는 사랑의 왕국의 산등성이에 있는 자는 자신이 보는 것이 찬란한 전체의 광경에 비하면 얼마나 부분적인지 알 수 있기 때문에, 거기서 보는 것으로 독단적인 판단을 할 수 없다는 사실도 알게 되었다. 그녀는 다만 경탄과 경이감과 감사로 숨이 차서, 더 높이 올라가 더 많은 것을 보고 이해할 수 있기를 간절히 바랄 뿐이었다.

모순일지도 모르지만, 눈부시도록 찬란한 경치를 보며, 너무나 아름다워

계속 바라볼 수도 한눈에 파악할 수도 없는 절경을 바라보며, 그녀는 자주 눈먼 사람의 기도야말로 자기 마음의 소망을 가장 잘 표현한 기도라고 생각했다.

"주님, 다시 보기를 원합니다! 더욱 많은 빛을 받아들일 수 있게 저를 도우소서. 더 온전히 이해하게 저를 도우소서."

그녀에게 기쁨이 넘치는 또 다른 이유는 왕과의 계속된 교제 때문이었다. 왕이 어디를 가든지 그녀와 평화와 기쁨도 함께 갔다. 그는 그들이 사슴의 발을 사용하도록 가르치고 훈련시켰고, 그들은 기쁨에 넘치고 때로는 들떠서 그를 따라 펄쩍펄쩍 뛰어다녔다. 하지만 은혜와 영광은 왕이 언제나 아주 세심하게 길을 선택하고, 자신의 놀라운 힘과 능력을 억제하면서 그들이 감당할 수 있는 정도로만 뛰고 도약한다는 것을 재빨리 간파하였다.

왕은 매우 친절하게 그들이 새로 습득한 능력의 한계에 맞추어 자신을 조절했기 때문에 그들은 즐거움에 들떠 산 위에서 사슴처럼 펄쩍 뛰고 도약하여, 만일 왕이 정말로 그 능력을 다 발휘하였다면 자신들이 완전히 뒤쳐졌으리라는 사실을 거의 깨닫지 못할 때도 있었다.

평생 동안 다리를 절어 온 은혜와 영광은 이리저리 펄쩍펄쩍 뛰고 높은 곳의 이 바위에서 저 바위로 산노루처럼 쉽게 도약하는 기쁨이 너무 컸기 때문에, 쉬기 위해서 잠시 멈추는 것도 참기 힘들 지경이었다. 왕은 매우 기뻐하며 그녀가 마음껏 뛰놀도록 계속 격려하였기에 그녀는 숨쉬기 힘들

때까지 더욱 멀리 뛰어다녔다. 그러다가도 왕은 그녀를 새로운 바위산으로 데리고 가서는 나란히 앉아 그녀가 쉬는 동안 새롭게 볼 수 있는 지점에서 먼 광경을 손가락으로 가리켜 보여 주곤 했다.

그들이 높은 곳에서 며칠을 보낸 어느 날, 그녀는 목자가 인도한 이끼 낀 바위 위에 털썩 주저앉아 웃으며 숨가쁘게 말했다.

"아무리 사슴의 발이라도 가끔씩은 쉬어야 되나 봐요!"

왕이 대답했다.

"은혜와 영광아. 내가 어떻게 네 발을 사슴의 발과 같이 만들고 이 높은 곳에 다니게 할 수 있었는지 아니?"

그녀는 그의 곁으로 더 가까이 다가가 진지하게 그 얼굴을 바라보며 질문했다.

"나의 왕, 나의 주님, 어떻게 이 일을 행할 수 있으셨어요?"

"네가 한 여행을 돌이켜 생각해 보고 그 중에서 어떤 교훈들을 배웠는지 내게 말해 주렴."

그가 말했다.

잠시 동안 그녀는 아무 말 없이 그 여정을, 끔찍하리만큼 길게 느껴졌었고 어떤 곳에서는 잔혹할 만큼 힘들었으며 불가능해 보였던 그 모든 기억을 돌이켜보았다. 그 여정 중에 자신이 세웠던 제단들을 생각했고, 골짜기에 있는 그들만의 은밀한 만남의 장소에서 그를 만났던 것을 기억했다. 그곳에서 그는 높은 곳으로 따라오라고 그녀를 불렀다. 산기슭으로 걸어갔던 기억도 떠올랐다. 그 곳에서 고통과 슬픔을 처음 만났고, 그들의 도움을 받아들일 줄 알게 되었다. 광야로 내려가 우회할 때 가슴이 찢어지게 아팠던 것과 거기서 보았던 것들도 회상했다.

그리고 나서 외로움의 해변을 따라 걸었던 길, 바닷물이 가장자리까지 가득 채웠던 해안 낭떠러지의 작은 만(灣), 광야에서 다시 한 번 길이 꺾여 높은 곳으로부터 멀어졌을 때 겪었던 고뇌와 실망과 좌절이 떠올랐다. 그리고 해안의 거대한 방파제를 지나 숲과 골짜기를 통과했던 때, 길이 산지를 향해 꺾어지는 것을 보고 형용할 수 없는 환희를 느꼈던 때를 기억했다. 또 그녀는 상처의 절벽, 위험과 환난의 숲, 오두막집에 은신해 있는 동안 몰아쳤던 큰 폭풍 등을 떠올렸다. 그리고 나서 안개, 끝없는 안개가 있었고, 길이 갑자기 상실의 골짜기로 이어졌던 끔찍한 순간이 있었으며, 돌아가려고 생각했을 때 보았던 악몽 같은 공포의 심연이 생각났다.

상실의 골짜기로 내려갔던 것, 공중 의자를 타고 다시 고지로 올라가기 전에 평화를 체험했던 것, 자신의 장례를 준비하며 그 곳에서 보낸 날들을 생각했다. 그리고 마지막으로 괴로워하며 올라갔던 오르막길을, 홍수를 피하고 약속을 던져 버릴까 하는 유혹을 받았던 그 동굴을 생각했다. 또한 마라라는 샘과, 마침내 제단에 묶였던 일, 그 제단이 있던 산봉우리들 사이의 안개 장막에 가린 그 무덤을 생각했다. 이 이상한 여정을 처음 시작할 때에는 자기 앞에 무엇이 기다리고 있는지, 겪어야 할 일이 무엇인지 상상하지도 못했었다. 그녀는 한참 동안 조용히 앉아 지난 일들을 돌이켜보며 놀라

위하고 감사했다.

드디어 그녀는 그의 손을 잡고서 부드럽게 말했다.

"나의 주님, 제가 배운 것을 말씀드리겠어요."

"말해 보아라."

그는 다정히 대답했다.

"첫 번째로 배운 것은 도중에 주님께서 허락하셔서 일어난 모든 일들을 기쁨으로 받아들여야 한다는 것이에요! 결코 그것을 피하려 하지 말고 다만 받아들이며, 저의 의지를 제단 위에 내려놓고 '보세요, 저는 주님의 보잘것없는 여종인 기쁨으로 받아들임입니다' 라고 말해야 한다는 것이죠."

그는 말없이 고개를 끄덕였고, 그녀는 계속 말했다.

"그리고 다른 모든 이들이 저를 거슬리게 한 행동들을 아무런 원망의 흔적도 없이 용서해야 하고 주님께 '보세요, 저는 주님의 보잘것없는 여종인 사랑으로 견뎌냄입니다' 라고 말해야 한다는 것을 배웠어요. 그렇게 할 때, 악으로부터 선을 이끌어 내는 능력을 갖게 되는 것이죠."

그는 다시 고개를 끄덕였고, 그녀는 더욱 아름답고 행복하게 미소지었다.

"주님, 제가 세 번째로 배운 것은, 주께서는 저를 대하실 때 결코 과거의 제 모습인 절뚝거리고 연약하며 발이 비뚤어지고 겁이 많은 존재로 여기지 않으셨다는 거예요. 주님은 제가 마치 주님이 약속하신 것을 모두 이루고, 주께서 저를 높은 곳으로 데려가셨을 때 갖추게 될 모습, 즉 '여왕의 기품을 가지고 우아하게 걷는 자"인 것처럼 저를 바라보셨어요. 주님께서는 제가 이미 여왕이 된 것처럼, 비참하고 보잘것없는 겁쟁이가 아닌 것처럼 항상 사랑과 은혜로 대하셨어요."

그리고 나서 그녀는 왕의 얼굴을 바라보았고 잠시 아무 말도 하지 못했지만, 마침내 덧붙였다.

"나의 주님, 저도 다른 사람들을 그처럼 대할 수 있기를 얼마나 바라는지 몰라요."

그때 그는 매우 아름다운 미소를 환히 지었지만, 여전히 말없이 세 번째로 고개를 끄덕이며 그녀가 계속 말하기를 기다렸다.

그녀는 환히 빛나는 얼굴로 말했다.

"네 번째는 여기 높은 곳에서 처음으로 배운 거예요. 삶의 모든 상황이 아무리 왜곡되고 일그러지고 추해 보인다 할지라도, 사랑과 용서로 대하고 주님의 뜻에 순종하면 우리가 다른 모습으로 변화될 수 있다는 것이에요. 주님, 그래서 저는, 주님께서 변화시키길 원하시는 악하고 나쁜 것들에 우리가 접촉하는 것을 일부러 허락하신다고 생각했어요. 아마 그것이 바로 우리가 죄와 슬픔, 고통과 악이 가득한 이 세상에 사는 이유겠지요. 그것들에 대응할 방법을 주님께서 우리에게 가르쳐 주실 때, 우리는 거기서 아름답고 영원한 품성을 창조해 낼 수 있으니까요. 그것이야말로 악을 다루는 유일한 최상의 방법이에요. 악이 해를 끼치지 못하도록 묶는 데서 그치는 것이 아니라, 가능한 한 선으로 그 악을 이기는 것이에요."

마침내 왕이 말했다.

"잘 배웠구나, 은혜와 영광아. 이제 한 가지 더 얘기하마. 네가 배운 이 교훈들이 너를 절름발이 불구자 겁쟁이에서 사슴의 발을 가진 은혜와 영광으로 바꾸었단다. 이제 너는 산 위를 달리고 뛰어오를 수 있으며, 내가 어디를 가든지 따라올 수 있단다. 그래서 우리는 결코 다시 헤어질 필요가 없단다.

이것을 기억하렴. 네가 기쁨으로 받아들이고 사랑으로 인내하려 하는 한, 너는 절대 다시는 절름발이가 되지 않을 것이고 내가 인도하는 곳은 어디든지 갈 수 있단다. 너는 세상의 골짜기로 내려가서 나와 함께 일하게 될 거야. 극복해야 할 악하고, 슬프고, 추한 것들이 그 곳에 있기 때문이지.

사랑의 법을 받아들이고 늘 마음에 품고 그 법에 따라 행동하거라. 그러면 그 무엇도 네 사슴의 발을 절게 하거나 우리 사이를 갈라놓을 수 없단다. 은혜와 영광아, 이것이 바로 높은 곳의 비밀이자, 온 세상을 다스리는 아름답고 완전한 법이란다. 천국의 빛나는 기쁨을 만들어 내는 것이 바로 이 법이지."

그런 후 그는 일어서서 그녀를 가까이 불렀다.

"자, 다시 네 사슴의 발을 사용해라. 이제 너를 산의 다른 곳으로 인도하겠다."

그가 "산을 뛰어넘고 언덕을 달려" 가자, 은혜와 영광은 그 뒤를 바짝 따랐으며 아름다운 자태의 평화와 기쁨도 그녀 곁에서 뛰었다. 그녀는 뛰어가며 이 노래를 불렀다.

당신은 나를 인(印) 같이 마음에 품으세요
당신의 사랑은 죽음보다 강합니다
그래서 나의 온몸을 통해
당신의 불같이 타오르는 뜨거운 숨결을 느끼게 해주세요
그래서 불꽃 가운데 있는 초처럼
당신의 이름이 내게 새겨지게 하세요

나를 인같이 당신의 팔에 두세요
당신의 사랑은 무덤을 깨뜨리고
불붙은 당신의 숯은 아무 해도 끼치지 않으며
깨끗하게 하고 구원할 뿐입니다
당신의 투기하는 사랑, 당신의 타는 불꽃이여
오, 그것은 당신의 이름과 같지 않은 모든 것을 완전히 불태울 것입니다

홍수가 당신의 사랑을 결코 삼키지 못하고
당신의 갈망을 누그러뜨리지도 못합니다
폭우가 쏟아져도
당신의 불을 결코 끄지 못합니다
당신의 강한 불꽃으로 내 마음을 부드럽게 해주세요
그래서 당신의 이름이 새겨지게 해주세요.
(아가 8:6 참조)

20

다시 골짜기로

사랑의 왕이 이번에 그들을 데리고 간 장소는 높은 곳의 봉우리 중 가장 아름다운 골짜기였다. 사방이 안전하게 산봉우리에 둘러싸여 있는 이곳에는 조용한 정원과 과수원과 포도밭이 있었다. 여기에는 매우 희귀하고도 아름다운 꽃들과 온갖 종류의 백합이 자라고 있었다. 또 향나무와 온갖 과일 나무와 개암나무, 아몬드나무, 호두나무와 같이 은혜와 영광이 전에는 한번도 보지 못한 여러 종류의 나무들이 있었다. 여기서 왕의 정원사들은 나무를 가지치기하고, 초목들과 덩굴 식물들을 돌보며, 묘목들과 연한 새 싹들을 위해 모판을 만드느라 항상 바빴다.

이 식물들은 저 아래 골짜기에서 적합하지 않은 환경과 토양에 있던 것으로, 왕이 직접 이 골짜기로 옮겨 심었는데, 잘 자라 꽃이 피면 사랑의 왕국 곳곳에 옮겨 심으려고 준비한 것들이었다. 왕이 보기에 알맞은 곳이라면 어디든지 이 식물들이 아름답게 장식할 것이다. 그들은 거기서 왕의 자비로운 감독 아래 정원사들이 일하는 것을 지켜보았고, 포도밭을 거닐면서 일꾼들을 가르치고 지도하는 왕을 따라다니며 즐거운 나날을 보냈다.

그러던 어느 날, 은혜와 영광은 두 수행자와 함께 골짜기 끝을 거닐다가 자신들이 높은 곳의 맨 끝에 있다는 것을 알게 되었다. 그 곳에서는 저 멀리 아래의 저지대를 똑바로 굽어볼 수 있었다. 그들은 거기 서서 두 산맥 사이에 있는 길고 푸른 골짜기와, 그 사이로 빛의 리본처럼 굽이치는 강을 보았다. 여기저기 보이는 갈색과 붉은 색 부분들은 나무와 정원으로 둘러싸인 마을인 것 같았다.

갑자기, 은혜와 영광은 숨이 막힐 정도로 아찔했다. 그 곳이 어딘지 알았기 때문이다. 바로 수치의 골짜기, 그토록 오랫동안 비참하게 살았던 곳, 목자가 자신을 높은 곳으로 불렀던 바로 그 곳이 아닌가!

아무 말 없이 푸른 산기슭에 앉아 내려다보노라니 마음속에서 수많은 생각이 떠올랐다. 저 아래에는 그녀가 살았던 자그마하고 흰 오두막집과, 목자들이 왕의 양 떼를 쳤던 풀밭이 있었다. 거기에는 양 우리와 양 떼가 물 마시러 가던 시내가 있었고, 바로 거기서 처음으로 목자를 만났었다. 그 골짜기에는 함께 살며 즐겁게 지냈던 동료들과 친구들이 있었다.

거기에는 그녀가 아는 다른 사람들도 있었다. 마을 변두리 외곽에 있는 불길한 예감 숙모의 집에서 은혜와 영광은 사촌인 우울, 심통, 비겁쟁이와 함께 살며 불행한 어린 시절을 보냈다. 그들의 비참한 생활을 생각하자 동정심으로 마음이 아파 왔다.

불쌍한 불길한 예감 숙모는 두 딸들의 불행한 결혼 생활 때문에 마음의 상처를 입었고, 가장 사랑하는 아들의 수치스러운 행동 때문에 괴로워하면서도 그 사실을 감추려 애쓰고 있었다. 은혜와 영광은 다른 친척들이 사는 곳도 보았다. 영주의 저택에 살고 있는 늙은 두려움 경, 그는 쇠퇴해 가는 자신의 권력과 다가오는 죽음에 대한 공포 때문에 고통받고 있었다. 교만이 사는 집이 있고, 그 근처에는 원망과 쓴뿌리의 집도 있었다. 그리고 거무스름하게 보이는 나무들 밑에는 불행한 자기연민이 살고 있었다. 그녀는 높은 곳으로 오는 여행길에서 자신을 그토록 괴롭혔던 자들이 사는 곳을 알 수 있었는데, 그 주위에는 목자를 미워하고 혐오하며 거부했던 다른 사람들이 사는 집들도 있었다.

골짜기를 내려다보며 앉아 있는 은혜와 영광의 눈에서는 눈물이 샘솟듯 흘렀고 가슴은 고통으로 미어졌는데, 이는 여기 높은 곳에서 완전히 잊고 있었던 감정이었다.

갑자기 그녀는 친척들과 저 밑에 살고 있는 사람들에 대한 자신의 감정이 완전히 변한 것을 깨달았다. 그들을 새로운 시선으로 보게 된 것이다. 전에는 그들을 단지 끔찍한 적으로 생각했지만, 이제는 얼마 전의 자기 자신처럼 불쌍한 존재들이라는 것을 알게 되었다. 과거에 그녀가 그랬듯이, 그들은 자신들을 따라다니는 여러 가지 죄악들과 추악한 속성들에서 벗어나지 못한 채 고통당하고 있었다. 그들은 이름 그대로 비참한 본성을 지닌 불쌍한 노예였으며, 그 본성이 혐오스러우면 혐오스러울수록 그들 자신이 더 큰 불행을 겪어야 했기 때문에 더 많이 동정을 받아야 마땅했다.

은혜와 영광은 그런 생각이 들자 견딜 수가 없었다. 그녀는 아주 오랫동안 그들을 두려워하고 비난했으며, 모든 것이 다 그들의 잘못 때문이라며 '그들의 비참한 상태를 경멸'하기까지 했다. 그렇다. 자신도 미움받고 두려움에 얽매인 겁쟁이였으며, 똑같이 비참한 자였으면서도 그녀는 그들의 비참함과 추함을 경멸했었다. 동병상련의 심정으로 그들이 교만과 원망과 비통한 모습에서 해방되기를 간절히 바라는 대신, 그들을 혐오하고 멸시했었다.

생각이 거기에 미치자 그녀는 곁에 앉아 있는 기쁨과 평화를 바라보며 절망적으로 외쳤다.

"저 아래 골짜기에 있는 사람들을 위해 할 수 있는 일이 아무것도 없을까? 불길한 예감 숙모와 불쌍한 심통과 우울에게 아무 도움도 주지 못한 채, 그들을 내버려둬야 할까? 우리를 돌이키려고 그렇게 멀리까지 따라왔던 다른 친척들도 말이야! 목자님이 나를 모든 두려움과 죄로부터 해방시킬 수 있으셨다면, 저들도 고통에서 구원하실 수 있지 않을까?"

"그래."

(전에는 슬픔이었던) 기쁨이 말했다.

"그분이 슬픔을 기쁨으로, 고통을 평화로, 겁쟁이를 은혜와 영광으로 바꾸실 수 있다면, 교만, 원망, 쓴뿌리, 자기연민도 당연히 변화시키실 수 있을 거야. 만일 그들이 왕께 순종하며 그분을 따르려고만 한다면 말이야. 너의 숙모인 불길한 예감도 찬양과 감사로 변화될 수 있고 가련한 우울과 심통도 변화될 수 있어. 그들이 모든 괴로움에서 완전히 해방될 수 있고말고."

은혜와 영광이 외쳤다.

"그렇지만 어떻게 그들이 목자님을 따르도록 설득할 수 있을까? 지금의 그들은 그분을 미워하고 그분께 가까이 다가가려 하지도 않을 거야."

그러자 (전에는 고통이었던) 평화가 조용히 말했다.

"사람들이 이따금 슬프고 고통을 당할 때, 뭔가를 상실했을 때, 수치를 겪을 때, 비통한 일을 겪을 때, 또는 굉장히 곤궁할 때, 목자를 알고 싶어하고 그분의 도움을 구하려는 마음이 된다는 것을 나는 알아. 예를 들어, 너의 숙모인 불길한 예감 숙모는 불쌍한 비겁쟁이의 행동 때문에 절망하며 불행에 빠져 있기 때문에 목자님께로 나갈 마음의 준비가 되어 있을지도 몰라. 그리고 가엾은 우울과 심통도 전에는 목자가 필요하다는 것을 전혀 느끼지 못했지만, 이제 너무나 비참하기 때문에 지금이야말로 그들이 목자의 도움을 구하도록 설득하기에 알맞은 때일지도 몰라."

은혜와 영광이 또 외쳤다.

"그래! 네 말이 맞아. 아, 우리가 그들에게 갈 수 있다면! 우리가 발견한 것을 그들도 발견하도록 도울 수 있는 방법이 있다면 얼마나 좋을까!"

바로 그 순간, 아주 가까이에서 왕의 목소리가 들렸다. 그는 다가와 그들 곁에 앉아 그들과 함께 저 아래의 골짜기를 내려다보며, 은혜와 영광에게 부드럽게 말했다.

"너 동산에 거한 자야 동무들이 네 소리에 귀를 기울이니 나로 듣게 하려무나"(아가 8:13).

은혜와 영광은 왕을 바라보며 그의 팔을 잡고 말했다.

"나의 주님, 저 아래 수치의 골짜기에 사는 사람들 이야기를 하고 있었어요. 그들은 모두 제 친척이에요. 그런데 너무나도 불행하고 비참해요. 주님, 우리가 그들을 위해 무엇을 할 수 있을까요? 그들은 높은 곳에 있는 기쁨이나 사랑의 왕국에 대해 아무 것도 몰라요. 저곳엔 가엾은 불길한 예감 숙모도 있어요. 저는 숙모와 오랫동안 함께 살아서 숙모가 지금 얼마나 불행한지 알고 있어요."

"나도 그녀를 안다."

왕이 조용히 말을 이었다.

"정말 불행한 여인이지."

은혜와 영광은 애원하는 눈빛으로 그를 바라보며 말을 이었다.

"그리고 숙모의 딸 우울은 늙은 두려움 경의 아들인 소심쟁이와 결혼했는데, 그는 매우 부유하지만 그녀보다 훨씬 나이가 많고 아주 불행하며 이

기적인 사람이에요. 결혼한 이후 한 순간도 평화롭지 못했을 거예요. 제가 골짜기를 떠나기 전에 그가 그녀를 버릴 것 같다는 얘기를 들었어요."

"그는 벌써 그랬단다."

왕이 조용히 대답했다.

"그리고 그녀는 어머니가 있는 친정으로 돌아갔지. 실의에 차 있고 환멸에 빠져 있는 불쌍한 그 부인에게로 말이야."

"그리고 그 자매 심통도 있어요. 너무나 불쌍한 영혼이에요. 날카로운 말투 때문에 수많은 적을 만들고 친구들도 다 잃었어요. 그녀는 숨어사는 겁보와 결혼했는데, 찢어지게 가난한 나머지 친척 쓴뿌리 부부 집에 작은 셋방 하나를 얻어 살고 있어요. 여기 사랑의 왕국에 있는 저는 그들이 겪고 있는 비참한 처지를 생각만 해도 도저히 견딜 수가 없어요."

"정말 비참한 사람들이지."

왕은 그 어느 때보다도 더 부드럽고 자애롭게 말했다.

"그들은 얼마 전에 어린 딸마저 잃었단다. 불쌍한 심통은 자기들의 적막한 처지에 그 딸이 큰 위로가 되기를 기대했었건만."

"그리고…."

은혜와 영광이 계속 말을 이었는데, 그 목소리에는 약간 주저하는 기색이 비쳤다.

"그들의 형제 비겁쟁이도 있어요."

이 말을 할 때 그녀는 왕을 똑바로 쳐다보지 않고 잠시 말을 멈추었다가

서둘러 말했다.

"그 가족 중에서 가장 불행한 존재예요. 자기 어머니를 너무나 괴롭게 했기 때문에 그 누이들조차도 더 이상 그와 말하려고 하지 않아요. 그래서 모두에게 미움을 받고 골짜기에서 슬금슬금 숨어 다니고 있죠."

"나도 그를 잘 안단다."

왕의 대답은 근엄하면서도 한편으로는 약간 미소짓는 기색이 있었다.

"알지. 네가 한 말은 절대 과장된 것이 아니야. 약한 사람을 괴롭히는 그의 성격을 다루고 교정하려고 내가 여러 번 간섭하고 혼내 주어야만 했지. 그렇지만 '그를 아프게 단련하긴 했지 죽이지는 않았단다.'"

"안돼요, 안돼요!"

은혜와 영광이 애원하며 외쳤다.

"나의 주님, 절대로 그러지 마세요! 제발 부탁입니다. 저를 구원해 주셨듯이, 그를 그 자신에게서 구원할 수 있는 방법을 찾아 주세요."

그는 잠시 동안 아무 말 없이 매우 다정하게, 아주 만족하고 행복한 듯한 얼굴로 그녀를 바라보았다. 그러다 마침내 입을 열었다.

"나는 너보다 더 그러고 싶단다. 하지만 은혜와 영광아, 우리가 얘기하고 있는 이 불행한 사람들은 나를 집에 들여놓기는커녕, 나와 말도 하려고 하지 않을 거야. 나 대신 그들에게 말해서 그들이 나의 도움을 받아들이도록 설득할 사람이 필요해."

"무슨 말씀이신지 알겠어요."

그녀는 기쁘게 말했다.

"저희는 주님과 함께 내려가서 주님께서 저희를 위해 행하신 것과 주님께서 그들을 위해서 행하려 하시고, 행하실 수 있는 것이 무엇인지 그들에게 말해 주고 보여 주겠어요."

"그들이 네 말에 귀기울일 것이라고 생각하니?"

왕은 매우 부드러운 미소를 띠고 그녀를 바라보며 물었다. 그녀가 대답했다.

"아뇨, 전혀 그럴 것 같진 않아요 적어도 처음에는요. 저는 그들이 귀를 기울이게 할 만한 사람이 아니었어요. 그들에게 사랑받을 행동도 하지 않았으니까요. 그렇지만 주님께서 제가 할 말을 가르쳐 주시겠지요. 제게 가르쳐 주세요. 그러면 주님 대신 가서 그들에게 말하겠어요. 오 나의 주님, 어서 거기로 내려가요. 주님께서 저를 위해 행하신 일과 평화와 기쁨을 보면 결국 그들도 주님의 도움을 받고싶어 할 것이 분명하리라고 믿어요. 그들이 주님을 거부하고 도움을 외면하는 것은 주님께서 그들에게 좋은 일을 하실 리가 없다고 스스로 자신을 속이며 주관적인 자기 확신에 빠져 있기 때문이에요. 그렇지만 저희가 그들을 열심히 설득할게요. 특별히 지금 그들이 매우 불행하고 다른 사람들의 멸시를 받고 있으니까요, 주님. 그들은 불행과 외로움과 슬픔 때문에 마음이 열려 주님의 은혜와 그들을 도우시려는 주님의 갈망에 대한 소식을 들으려 할 거예요."

"맞다. 내 생각도 바로 그렇단다. 지금이야말로 우리가 내려가서 그들을 돕기에 아주 좋은 시기야."

왕은 일어서면서 말했다. 그녀도 벌떡 일어났고 넷은 모두 기쁘고 밝은 모습으로 높은 곳의 끄트머리에 서서 다시 골짜기로 뛰어 내려갈 준비를 했다. 그때 은혜와 영광은 아주 가까이에 있는 거대한 폭포도 떠들썩하고 즐겁게 많은 물소리를 내며 골짜기로 뛰어 내려가는 것을 보았다. 폭포는 암벽 끝에서 뛰어내리며 이렇게 노래하고 있었다.

우리는 높은 곳에서 뛰어 흘러 내려가
저 아래 골짜기로 내려간다
가장 즐거운 갈망과 가장 즐거운 의지는
낮게, 더욱 낮게 내려가는 것.

갑자기 그녀는 깨달았다. 그녀는 놀랍고도 영광스러운 진리를 보고 있었던 것이다. "아무도 셀 수 없는 큰 무리"가 그녀처럼 왕께 인도되어 사랑의 왕국과 높은 곳으로 왔고, 이제는 자신들의 삶을 기쁘게 포기하며 내려놓고, 왕과 함께 슬픔이 가득하고 삭막한 저 밑으로 뛰어 내려가 다른 사람들에게 그들이 받은 생명을 전할 것이다. 그녀는 기쁘게 자기를 내어 주는 무리 중 한 방울의 물과도 같았다. 그들은 사랑의 왕을 따르는 자들이며, 왕과 연합되어 있고 서로간에 연합되어 있으며, 각자가 그녀와 똑같은 축복과 사랑을 받는 자들이었다. 그녀는 혼자 중얼거렸다.

"왕께서는 우리 각 사람을 사랑하셔. 마치 사랑할 사람이 이 세상에 단 한 명밖에 없는 것처럼."

많은 물이 흐르는 큰 폭포와 하나 된다는 생각에 그녀의 마음은 이루 다 표현할 수 없는 환희와 열광적인 기쁨으로 벅찼다. 그녀 역시 마침내 그 폭포와 함께 밑으로 내려가서 자신을 쏟아 부으며 사랑으로 자신을 포기하고 줄 것이다.

"왕께서 나를 높은 곳으로 데려오신 이유가 바로 이거구나."

그녀는 혼자 조그맣게 속삭이고서 왕을 바라보며 고개를 끄덕였다.

그러자 그는 앞장서서 바위들을 뛰어넘으며 산허리를 따라 내려갔지만, 항상 그들이 따라올 수 있는 만큼만 뛰었고, 경험이 부족한 그들이 미끄러지지 않고 안전하게 발을 디딜 수 있는 곳을 택했다. 그의 뒤에는 은혜와 영광이 따랐고, 옆에는 기쁨과 평화가 같이 갔다. 그들은 많은 물이 각기 저 나름대로 부르는 즐거운 음악에 맞춰 목소리를 더하며 함께 노래했다.

사랑하는 분이시여 서두르세요
당신은 향기로운 산수사슴과도 같군요
나는 당신이 있는 높은 곳에 있으니
사슴의 발로 따르겠어요
수사슴 뒤를 바짝 따라가는 암사슴처럼
당신이 가는 곳에 나도 반드시 가겠어요.

이 노래는 솔로몬의 아가의 마지막 구절이지만, 은혜와 영광에게는 완전히 새로운 노래의 첫 구절이었다.